Paul Virilio

Krieg und Kino
Logistik der
Wahrnehmung

Aus dem Französischen von
Frieda Grafe und Enno Patalas

Carl Hanser Verlag

Titel der Originalausgabe:
Guerre et cinema 1, Logistique de la perception
© Editions de l'Etoile, Paris 1984

ISBN 3-446-14510-9
© 1986 Carl Hanser Verlag München Wien
Umschlag: Klaus Detjen
Abbildung: Oberst M. Stanley, Photo Intelligence,
Sidgwick and Jackson 1982
Satz: LibroSatz, Kriftel/Taunus
Druck und Bindung: Pustet, Regensburg
Printed in Germany

Der Krieg ist die Kunst,
den Tod zu schönen.
Japanischer Spruch

Inhalt

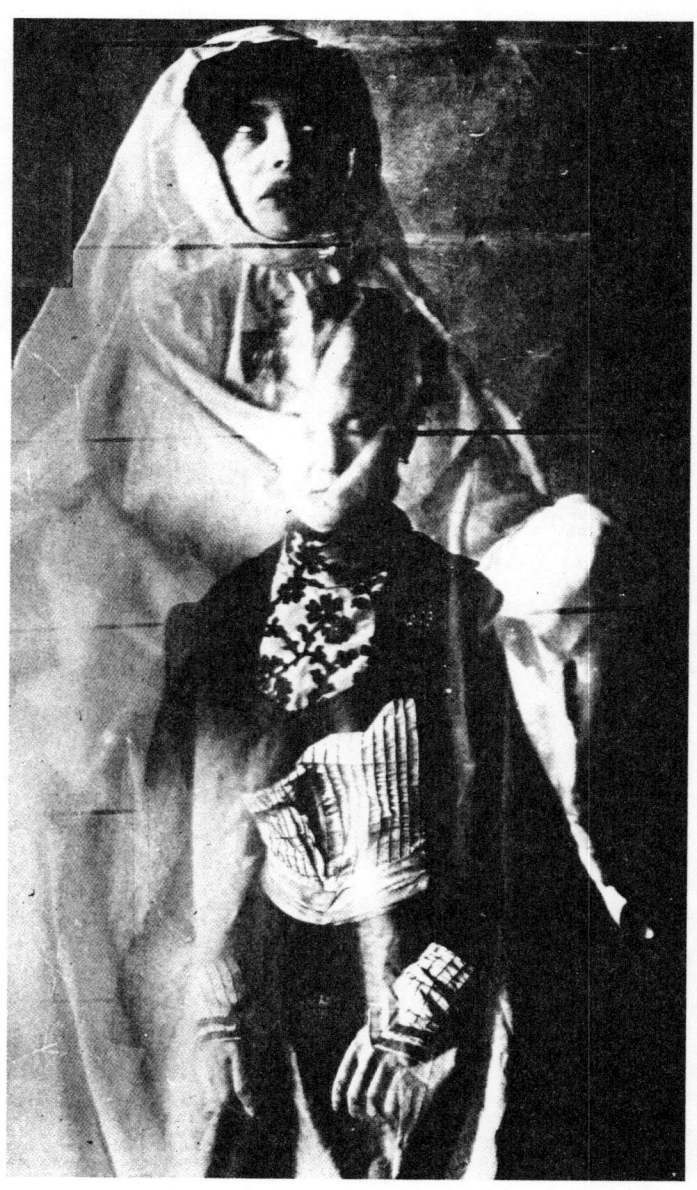

1 Spiritistische Photographie mit Doppelbelichtung. Anonym. Ende 19. Jahrhundert.

>>Die Schlagkraft eines Heeres
bemißt sich nach seinem Täuschungsvermögen<<

Sun Tze

Wenn irische oder baskische Untergrundkämpfer, Action
directe oder Rote Brigaden durch Folter, Attentate und
Mord die Öffentlichkeit zu mobilisieren versuchen und die
Medien mit Photos ihrer Sühneopfer füttern, dann treten
die psychotropen Ursprünge des Krieges zutage; der Akt
des inneren Krieges regrediert zur Magie, zum faszinieren-
den Schauspiel der Opferung, der Agonie, das zu den alten
Religionen und Stammesritualen gehörte. Tückisch erinnert uns der Terrorismus daran, daß der Krieg ein Symp-
tom ist, das Delirium einer Gemeinsamkeit im Zwielicht
der Trance, der Droge, des Blutrauschs. In der körper-
lichen Vereinigung setzt sie Freund und Feind, Opfer und
Henker gleich, im Mann gegen Mann nicht homosexueller
Lust, sondern einer antagonistischen Einheit des Todes-
wunsches, der Perversion des Rechts auf Leben zum Recht
auf den Tod.[1]

>>Im Krieg<<, schreibt der General François Gambiez,
>>wuchern Suggestion und Halluzination ... Die Erfor-
schung psychischer – depressiver oder tonischer – Faktoren
trägt dazu bei, den Schlachten ihre wahre Physiognomie
zu verleihen.<< Seit dem Altertum hat die bewaffnete Gewalt sich der verschiedensten Probleme angenommen,
technische und wissenschaftliche Neuerungen vollzogen.
Dennoch hat sie nicht mit ihrem vorwissenschaftlichen
Modell gebrochen. An dem Punkt verläßt der Krieg den
Bereich des bloß Akzidentellen. Er kann sich nicht lösen

---

1 Vgl. Paul Virilio, *Défense populaire et luttes écologiques*, Paris 1978

vom magischen Schauspiel, dessen Veranstaltung sein eigentlicher Zweck bleibt: die Niederschlagung des Gegners ist darauf gerichtet, weniger seinen Körper als seine Sinne gefangenzunehmen, ihn vor dem Tod in Todesschrecken zu versetzen.

Für jeden Abschnitt der Geschichte der Schlachten findet sich ein Kriegsmann – von Macchiavelli über Vauban und Moltke bis Churchill –, der daran erinnert: »Die Macht der Waffen ist nicht rohe Gewalt, sondern eine geistige Kraft.«[2] So gibt es keinen Krieg ohne Selbstdarstellung, keine noch so entwickelte Waffe ohne psychologische Mystifikation. Die Waffen sind Werkzeuge nicht nur der Zerstörung, sondern auch der Wahrnehmung. Sie sind Stimulatoren der Sinnesorgane und des zentralen Nervensystems, deren Wirkung sich in neurologischen und chemischen Effekten äußert, die die Reaktionen beeinflussen, das Erkennen der wahrgenommenen Objekte, ihre Unterscheidung im Verhältnis zu anderen usw. Ein bekanntes Beispiel ist die Ju 87, der deutsche Sturzkampfbomber des Zweiten Weltkriegs. Die Stukas stürzten sich auf ihre Ziele mit einem ohrenbetäubenden Sirengeheul, das den Gegner in Schrecken und Lähmung versetzte.

In dieser Hinsicht vereinigte der Abwurf der ersten Atombomben auf Hiroshima und Nagasaki am 6. und 9. August 1945 in geradezu idealer Weise alle Voraussetzungen: eine große mechanische Wirkung, eine vollständige Überraschung in technischer, vor allem aber in psychologischer Hinsicht, die die bisherigen strategischen Bombenangriffe auf europäische und ostasiatische Großstädte, das *carpet-bombing* mit seiner schwerfälligen Logistik in die Requisitenkammer der Kriegsgeschichte verwies. Indem sie

2 Motto der rechtsextremistischen chilenischen Zeitung *Orden Nuevo*, von Ortega y Gasset

ihre Entschlossenheit zu einem Holocaust der Zivilbevölkerung in großem Stil bewiesen, riefen die Amerikaner im Bewußtsein des Gegners jene *Informationsexplosion* hervor, die Albert Einstein gegen Ende seines Lebens als ebenso verheerend ansah wie die Atomexplosion selbst.[3] Hier regierte bereits das Prinzip der Abschreckung.

Der Begriff der Glaubwürdigkeit, der im Zusammenhang mit dem Einsatz von Atomwaffen so oft angeführt wird, gibt implizit Auskunft über die wahre Natur des Gleichgewichts des Schreckens. Dieses »Geschenk des Himmels«, als das die Amerikaner es ansehen, hat mehr von einem Dogma als von einer strategischen Theorie.[4] Und Breschnews Verteidigungsminister, Marschall Gretschko, erklärte: »Die ständige Entwicklung unserer Streitkräfte ist eine objektive Notwendigkeit für den Aufbau des Sozialismus und des Kommunismus . . .« Anders gesagt: auch ohne daß die Waffen zur Anwendung kommen, ist das Rüsten ein aktives Element im ideologischen Kampf.

Dieser atomare Glaube droht jedoch bereits ins Wanken zu geraten; er hat schon seine ersten Ketzer hervorgebracht. Schon gibt es Generale, die uns versichern, daß letztlich »ein nuklearer Konflikt noch nicht das Ende der Welt bedeutet« – ganz wie vor zwanzig Jahren in Stanley Kubricks *Dr. Seltsam* der General Buck Turgidson tönte: »Mr. President, ich will nicht sagen, daß wir dabei keine Haare lassen müssen, aber das sage ich: nicht mehr als zwanzig bis dreißig Millionen Tote, im Höchstfall . . .« Das Gleichgewicht des Schreckens schlägt um, weil inzwischen fast jeder die Bombe besitzt, und die Gewöhnung an das nukleare Säbelrasseln macht die Theorie der Ab-

3 Nach den Unterhaltungen zwischen Einstein und dem Abbé Pierre
4 Vgl. Paul Virilio, *L'évangile nucléaire*, in *Essai sur l'insécurité du territoire*, Paris 1976

schreckung illusorisch. Frei nach dem Ausspruch von Lord Mountbatten – »Wenn es funktioniert, ist es schon überholt« – wäre ein »neues Hiroshima« nur ein schwaches Remake, »eine Explosion von Bömbchen, die sich noch in Kilotonnen ausdrücken läßt«, wie die Experten scherzen. Präsident Reagan hat das genau erkannt. Er hat die Diskussion wieder in Gang gebracht, als er am 23. März 1983 sein Projekt eines ballistischen Raketenabwehrsystems für das Jahr 2000, mit Lasern und Spiegeln in der Atmosphäre, präsentierte. Die meisten der dazu befragten Spezialisten sprachen gleich vom »Krieg der Sterne«, von Science-fiction-Kino, aber hinter dem unerläßlichen Schauspiel zeichnet sich bereits ein sehr konkretes Programm ab, für das das Pentagon jährlich eine Milliarde Dollar ausgeben wird.

Auch das Aufhäufen von Waffen, die nie zum Einsatz kommen werden, für Laien der reine Wahnsinn, ist aus militärischer Sicht ein Verfahren mit einer eigenen Magie, die darauf beruht, daß es ohne Rechtfertigung bleibt, ohne einen anderen Grund, als daß die Waffen öffentlich hergezeigt und aufgezählt werden. Da, wie schon Goebbels wußte, die »einmalige Größe« einer militärischen Entscheidung »in ihrer Unmenschlichkeit« besteht, wird versucht, gerade durch das Mißverhältnis in den veröffentlichten Zahlen – Zahl von Megatonnen pro Kopf der Bevölkerung –, der Gewöhnung der betroffenen Bevölkerung entgegenzuwirken und ihren atomaren Glauben anzufachen. Jedenfalls müssen sich die Militärs beider Lager, wollen sie Furcht und Schrecken verbreiten, etwas mehr einfallen lassen als die vierzig Millionen Toten des Zweiten Weltkriegs.

Deshalb erklärte Präsident Carter in seiner Abschiedsrede an die Nation – wobei er in gewisser Weise die letzte Rede Eisenhowers von 1961, dessen Warnung vor dem militärisch-industriellen Komplex, fortsetzte –: »Vielleicht ist es nur noch eine Frage der Zeit, bis Wahnsinn, Verzweiflung, Begehrlichkeit oder eine Fehleinschätzung diese schreckliche Macht freisetzen. Ein weltweiter Atomkrieg würde in der Tat eine größere Vernichtungsenergie freisetzen als der ganze Zweite Weltkrieg, und das in jeder Sekunde des langen Nachmittags, der nötig wäre, alle Raketen abzuschießen und alle Bomben auszuklinken. In jeder Sekunde fände ein Zweiter Weltkrieg statt, und in den ersten Stunden gäbe es mehr Tote als in allen Kriegen der Geschichte zusammen.«

In diesem Rüstungswettlauf hat die Doktrin der Waffenproduktion mit ihren Delirien allmählich die Doktrin ihrer Verwendung auf dem Schlachtfeld verdrängt. Wie schon 1982 im Falkland-Konflikt, wird sich in Zukunft die Überraschung gleichzeitig gegen beide Gegner richten, weil sie nicht mehr von der Politik, den Oberkommandos oder den Heeren ausgeht, sondern von der Technik. Autonom und automatisiert, entscheidet die Kriegsmaschinerie mit ihren intelligenten, fast unaufspürbaren Waffen die Schlacht: mit der Exocet-Rakete, der Beluga-Bombe, dem Tigerfish-Torpedo, dem »railgun«-Projekt, dem vom Pentagon in Auftrag gegebenen Projekt eines nuklearen Erstschlags, der Maschine des Jüngsten Gerichts . . .

Mit den ersten Raumwaffen des Zweiten Weltkriegs und dem Blitz von Hiroshima wird das *Kriegstheater* ersetzt durch die *Theaterwaffen* – ein zwar veralteter, für die Situation aber aufschlußreicher Begriff, den die Militärs da verwenden. Die Geschichte der Schlachten ist zunächst die der Metamorphosen ihrer Wahrnehmungsfelder. Anders gesagt, geht es im Krieg weniger darum, *materielle* – territoriale, ökonomische – Eroberungen zu machen als vielmehr darum, sich der *immateriellen* Felder der Wahrnehmung zu bemächtigen.

Da die modernen Kriegsparteien darauf abzielen, die Gesamtheit dieser Felder zu besetzen, liegt die Feststellung nahe, daß der ideale *Kriegsfilm* nicht unbedingt irgendein bestimmtes kriegerisches Geschehen wiedergeben müßte, da der Film, vom Moment an, da er in der Lage ist, Überraschungen – technische, psychologische – hervorzurufen, selbst in die Kategorie der Waffen gehört. So ist es auch durchaus kein Zufall, daß der Anstieg der Farbfilmproduktion mit dem Zweiten Weltkrieg zusammenfällt. In Deutschland war er geradezu eine Folge logistischer Piraterie. Zu Kriegsbeginn hatte Joseph Goebbels, Propagandaminister und »Schirmherr des deutschen Films«, die Aufführung des ersten Agfacolorfilms, des Marika-Rökk-Films *Frauen sind doch bessere Diplomaten*, untersagt, weil er die Farben »abscheulich bunt und unnatürlich« fand. Er hatte Kopien neuer amerikanischer Filme gesehen, die auf von der Kriegsmarine gekaperten alliierten Schiffen beschlagnahmt worden waren, vor allem *Vom Winde verweht*. Verglichen mit dem amerikanischen Technicolor war das deutsche Verfahren, fand Goebbels, »eine Schande«. Bald darauf wurde das Agfacolor-Verfahren vor allem durch Eduard Schönicke, einen der leitenden Männer von IG-Farben, wesentlich verbessert. 1942 drehte Veit Harlan, der Regisseur des *Jud Süß*, den Farbfilm *Die goldene Stadt*, der im besetzten Europa einen unvergleichlichen Erfolg verzeichnen konnte, und 1943 wurde zum fünfundzwanzigsten Geburtstag der Ufa und zum zehnten des NS-Films Josef von Bakys *Münchhausen* feierlich uraufgeführt, ein Agfacolor-Film mit großem Budget und vielen gelungenen Tricks.

Auch die lange Farbsequenz in *Iwan der Schreckliche* verdankt ihre Existenz einem Kriegsakt; Eisenstein drehte sie auf Agfacolor-Material, das die Rote Armee in Deutschland erbeutet hatte. In diesem Zusammenhang sei daran erinnert, daß die Ufa 1917, während des Ersten Weltkriegs, gegründet und im Jahr darauf zum wichtigsten Produktions-, Verleih- und Abspielkonzern des kriegführenden Deutschland gemacht worden war. Sie wurde vom Staat unterstützt und war von ihrer Gründung an abhängig von der Hochfinanz und von Krupp, also der Rüstungsindustrie. Mitten im totalen Krieg versprachen sich Goebbels und Hitler selbst eine stimulierende Wirkung davon, vom Schwarzweißfilm wegzukommen – die deutschen Filme sollten den Schwung der amerikanischen einholen.

Was ihr beim Einmarsch der deutschen Truppen in Frankreich am unerträglichsten war, erinnert sich meine Frau, war die Vorstellung, von den Vereinigten Staaten abgeschnitten zu sein, auf amerikanische Zeitschriften und Zeitungen, vor allem aber auf amerikanische Filme verzichten zu müssen. In ihrer Kinderwelt bildete der amerikanische Film einen »Wahrnehmungsluxus« (Bergson), durchaus verschieden von allen anderen Arten von Schauspiel und Vergnügen, einen abstrakten wöchentlichen Luxus, auf den zu verzichten sehr schwer fiel. Der deutschen Führung war die Bedeutung des Films bewußt. Schauspieler und Regisseure waren vom Beginn der Feindseligkeiten an kriegsverpflichtet, das Fernbleiben von Filmaufnahmen wurde als Desertion betrachtet und entsprechend geahndet.[5]

Mit Hilfe von Zwangsmaßnahmen wurde die Produktion von Großfilmen in Deutschland bis Kriegsende auf-

5 Dabei standen die Filmleute in Goebbels' Achtung nicht sehr hoch. Viele galten als weltanschaulich unzuverlässig, einige waren Kommunisten, manche waren Juden oder hatten jüdische Frauen und wurden Opfer der Verfolgung durch das Regime. Veit Harlan (*Im Schatten meiner Filme*, Gütersloh 1966) nennt Hans Mayer-Hanno, Joachim Gottschalk, Fritz Kühne, den Chefbeleuchter der Ufa, und seine jüdische Frau Loni, die sich umbrachten, um nicht durch die Deportation der jungen Frau getrennt zu werden.

rechterhalten, und als in den bombardierten Städten die Kinos in Trümmern lagen, wurden in den letzten Wehrmachtsbunkern noch Filme gezeigt. 1943/44 entstand mit einem Kostenaufwand von achteinhalb Millionen Mark – dem Achtfachen der Kosten eines normalen Qualitätsfilms – der Film *Kolberg*, der am 30. Januar 1945, dem zwölften Jahrestag der Hitlerschen Machtübernahme, in der belagerten Atlantikfestung La Rochelle uraufgeführt wurde. Inmitten des vollständigen militärischen Zusammenbruchs wollte Goebbels »den ›größten Film aller Zeiten‹ machen, der die Massenfilme der Amerikaner in den Schatten stellen sollte«[6] – worin sich wiederum zeigt, wie sehr dieses amerikanische Wahrnehmungsarsenal ihn in den Bann geschlagen hatte. Dessen veschiedenartige Bestandteile – Zeitschriften, Zeitungen, Filme – waren ihm ja durchaus zugänglich. Man darf nicht vergessen, daß, abgesehen von Agenten und privilegierten Reisenden, auch Kurier- und Gefangenenpost mehr oder weniger offen von einem Lager ins andere gelangte, vor allem dank der »geduldeten« Flugverbindungen. Tägliche Flüge zwischen London, Lissabon, Stockholm, der Schweiz lieferten den Kriegführenden wertvolle Informationen. Deutsche und alliierte Linienflugzeuge begegneten einander friedlich auf den Pisten neutraler Flughäfen.

In den Vereinigten Staaten verfolgte das militärische Oberkommando aufmerksam die Filmproduktion – wenn das Pentagon nicht selbst Propagandafilme produzierte und verlieh. Auch hier begegnet man zwiespältigen Karrieren wie denen von Huston und Litvak – überraschend in diesem Zusammenhang auch Buñuel –, die ab 1942 Dokumentarfilme für die U.S. Army drehten, oder von Frank

---

6 Veit Harlan, a. a. O. Die delirierenden Erinnerungen Harlans stellen – gerade so, wie sie sind – eine unschätzbare Quelle zum Goebbels-Kino dar.

Capra, der von Satiren und Militärgrotesken (in den zwanziger Jahren mit Harry Langdon) zu den schwerfällig-monumentalen Lehrfilmen der *Why We Fight*-Serie überging. Aber auch die Tänze und Songs von Fred Astaire gehören hierher, verhüllte Appelle zu einer neuen Mobilmachung.

Die aggressiven Farben, die die Europäer, vor allem die Franzosen, lange als geschmacklos empfanden, dienten diesen Filmen als Kriegsbemalung. Mit ihr sollten die Zuschauer animiert und aus der Lethargie der drohenden Situation gegenüber herausgerissen werden, die die führenden Militärs und Politiker als die größte Gefahr ansahen. In den Vereinigten Staaten erneuerte die Magie der Waffen ganz unverkennbar die Magie des Marktes. Der ökonomische Krieg, der mit dem New Deal der dreißiger Jahre begann, ging über in den totalen Krieg, bis hin zu *Blue Skies*, worin Fred Astaire unmittelbar nach Hiroshima einen zugleich strahlenden und trübseligen Himmel besang, einen Technicolor-Himmel, wie ihn während des Krieges die in den Ruinen Überlebenden als fernen Reflex ihrer Melancholie erlebt hatten. Mit dem Kalten Krieg ab 1950, dann mit Korea und Vietnam, wurde die Politik Roosevelts endgültig aufgegeben. Die alte Propagandaproduktion – wie die *Why We Fight*-Serie – wurde aus dem Verkehr gezogen. Die lebenslustige Rekonvaleszenz der unmittelbaren Nachkriegszeit verblaßte, und mit der Demobilisierung der Massen, die nun auf die Tagesordnung kam, wurde den großen Musicals der Boden entzogen – die atomare Einschüchterung hatte sie ihres positiven Schwungs, ihrer militärischen und politischen Zielsetzung beraubt.[7]

---

7 Im Lauf der fünfziger Jahre suchte man nach neuen technischen Überraschungen: Cinemascope, Cinerama, 3-D mit Polaroid-Brillen.

Napoleon zufolge ist »die Befähigung zum Krieg die Fähigkeit zur Bewegung«. Im neunzehnten Jahrhundert fiel die Entwicklung der Kriegspsychologie zusammen mit der der experimentellen Psychologie und der Physiologie. Etienne-Jules Marey, selbst Physiologe und Schüler von Claude Bernard, machte die Chronophotographie, zu deren Erfindern er gehörte, der Bewegungserforschung zu militärischen Zwecken dienstbar. Der unverwüstliche Charme Astaires hat seinen Grund sicher in dieser überraschenden Fusion/Konfusion von »Wissenschaft« und Tanz – an anderer Stelle[8] habe ich gezeigt, daß Astaires Smoking, gesäumt mit schimmernden Paspeln, seine Tänze, die meist nur eine Sublimierung alltäglicher Bewegungen und Gesten sind, mit jener »Ablenkung« des Blicks zu tun haben, auf die es Marey ankam; das Weiß der Vögel und der Pferde, die Silberstreifen an der schwarzen Kleidung seiner Testpersonen lassen die Körper verschwinden; die Produktion von Lichteindrücken schlägt um in reine Faszination, die die bewußte Wahrnehmung des Zuschauers auflöst und ihn in Trance oder einen ähnlichen pathologischen Zustand versetzt.[9] Es ist eigentlich normal, daß der Steptanz der dreißiger, vierziger und fünfziger Jahre, in Raubvideos massenhaft konsumiert, immer noch funktioniert. Es bleibt eines der wirksamsten Heilmittel gegen das Schwarzsehen, den Zuschauer diesen Bildern voller Gedanken und Hintergedanken auszusetzen.

8 Vgl. Paul Virilio, *Esthétique de la disparition*, Paris 1980
9 Aldous Huxley, *The Art of Seeing*, London 1943 (deutsch *Die Kunst des Sehens*, München 1982)

»Film ist nicht ich sehe,
Film ist ich fliege«

Frei nach Nam June Paik

Als er die Schaufelräder eines Raddampfers betrachtete, kam dem späteren Oberst Gatling 1861 die Idee zum Maschinengewehr mit zylindrischem Magazin und Kurbelantrieb. 1874 erfand der Franzose Jules Janssen nach dem Vorbild des Trommelrevolvers, der 1832 patentiert worden war, seinen *astronomischen Revolver*, der bereits Reihenaufnahmen gestattete. Von dieser Idee ging Etienne-Jules Marey aus bei seiner *photographischen Flinte*, die es erlaubte, ein im Raum sich bewegendes Objekt anzuvisieren und aufzunehmen.

Die von der *Entreprenant*, dem ersten auf einem Schlachtfeld eingesetzten Beobachtungsaerostaten, gelieferten Informationen trugen 1794 in der Schlacht von Fleurus zum Sieg des Generals Jourdan bei. 1858 machte Nadar seine ersten aerostatischen Aufnahmen, und während des Amerikanischen Bürgerkriegs verwendeten die Unionstruppen einen Ballon, der mit einem elektrischen *Lufttelegraphen* zur Übermittlung kartographischer Informationen ausgerüstet war. Schon bald bedienten sich die Militärs der verschiedensten Mischtechniken: Photokameras wurden mit Ballons, Drachen und selbst mit Tauben kombiniert. Chronophotographie und Film kamen zunächst von kleinen Aufklärungsflugzeugen aus zum Einsatz – mehrere Millionen Aufnahmen wurden schon während des Ersten Weltkriegs gemacht –, bis schließlich ganz Südostasien von der U.S. Air Force kartographisch abgedeckt wurde. Etwa ab 1967 wurde Laos von unbemannten Maschinen überflogen, die ihre Informationen direkt an die IBM-Zentralen in Thailand und Südvietnam lieferten. Direkte Sicht war nicht mehr erforderlich. Innerhalb von einhundertfünfzig Jahren hat sich das Schußfeld in einen Drehort verwandelt, das Schlachtfeld ist zu einem für Zivilisten zunächst gesperrten Filmset geworden.

Während des Ersten Weltkriegs erhielt David W. Griffith als erster die Erlaubnis, die Front zu besuchen, um einen Propagandafilm für die Alliierten zu drehen. Griffith, Sohn eines Bürgerkriegsveteranen und ehemaliger Theatermann, hatte im Sommer 1914 die großen Schlachtszenen von *The Birth of a Nation* gedreht, zur selben Zeit, als in Europa der wirkliche Krieg ausbrach. In Griffith' Film wird das Schlachtfeld in einer Totalen von einem Hügel aus vorgestellt. Die Kamera nimmt dieselbe Position ein wie in *Krieg und Frieden*, King Vidors und Mario Soldatis Film von 1955, Pierre Besuchow, wenn er die Kämpfe bei Borodino in allen Einzelheiten in direkter Sicht betrachtet. Allerdings ging Griffith bei seinen Kriegsaufnahmen weniger wie ein Schlachtenmaler und mehr wie ein Bühneninspizient vor, der jede Bewegung bis in die letzte Einzelheit hinein festlegt. Karl Brown, der bei *The Birth of a Nation* Kameraassistent war, erinnert sich: »Die Position jedes Geschützes war bekannt. Jede Bewegung jedes Zuges der Komparserie. Ich sage Zug, weil jeder einem Hilfsregisseur unterstand – einem von Griffith' vielen Assistenten –, Victor Fleming, Joseph Henabery, Donald Crisp. Sie wurden nicht übers Megaphon dirigiert, weil das bei dem Lärm der Platzpatronen auf dem Schlachtfeld nie zu hören gewesen wäre, sondern mittels einer Serie von Fähnchen – roten, weißen, gelben, blauen, rosafarbenen –, die in einer bestimmten Richtung geschwenkt wurden«[1] – wie

---

1 Kevin Brownlow, *Hollywood – The Pioneers*, New York 1979. Viele der hier kommentierten Passagen gehen auf dieses wertvolle Buch zurück.

die Signalflaggen bei der Marine. »Abgesehen von den Massenszenen könnte heute jeder Amateurfilmer die Bedingungen wiederherstellen, unter denen *The Birth of a Nation* gedreht wurde«, schreibt Kevin Brownlow. »Sehr viel mehr arbeitssparende Möglichkeiten stehen ihm zur Verfügung als Griffith und seinem Kameramann Billy Bitzer. Sie benutzten keine Lampen – Bitzer verwendete Spiegel, um das Sonnenlicht umzulenken. Es gab keine Belichtungsmesser, keine Zoomlinsen und keine Handkameras, nur eine schwere hölzerne Pathé, solide und gut konstruiert, mit Handkurbelantrieb. Aber photographisch war der Film hervorragend, und die Inszenierung war oft einfallsreich.«

Vor der Jahrhundertwende hatte Bitzer Bewegungsdemonstrationen aufgenommen, kurze Filme für Varieté-Shows nach dem Vorbild der Lumière-Streifen. Während des Spanisch-Amerikanischen Kriegs von 1898 war er auf Kuba gewesen. Zwar hatte er im selben Jahr seine Mutograph-Kamera auf den Cowcatcher einer Lokomotive montiert und in voller Fahrt gefilmt, aber das Kino, das er und Griffith machten, war immer noch das des Salon Indien, wo 1895 *Die Ankunft eines Zuges auf dem Bahnhof von La Ciotat* vorgeführt wurde: aus einer festen Position blickt man da auf das, was sich bewegt. Die Kamera reproduziert die Bedingungen der vertrauten Sicht. Sie ist homogener Zeuge der Handlung, und die Kraft ihrer Bilder liegt darin, daß sie dem Zuschauer, wenn auch mittels einer Aufzeichnung, die proxemische Illusion eines zeitlichen Kontinuums vermittelt.[2]

Wie man weiß, probten viele Regisseure, um Schnitte

---

2 Der Begriff Proxemik (proxemics) bedeutet bei Edward T. Hall (*The Hidden Dimension*, 1966, deutch *Die Sprache des Raums*, München 1976) »die untereinander zusammenhängenden Beobachtungen des Raumes seitens der Menschen als eine besondere Ausprägung von Kultur« (A. d. Ü.).

nach Möglichkeit zu vermeiden, ihre Filme von Anfang bis Ende durchgehend, wobei jede Szene mitgestoppt wurde, damit die ungefähre Länge des Films von vornherein feststand. Diese Drehmethode, in Deutschland während der zwanziger Jahre allgemein üblich, hatte entscheidenden Einfluß auf Carl Theodor Dreyer und seine Bemühungen, über die *reale* Einheit des Ortes eine *künstliche* Einheit der Zeit zu erreichen. Das läßt an Walter Benjamins Bemerkung denken, derzufolge der Film imstande sei, »den Gegenstand einer simultanen Kollektivrezeption darzubieten, wie es von jeher für die Architektur . . . zutraf« (*Das Kunstwerk im Zeitalter seiner technischen Reproduzierbarkeit*). Es ist dieses »von jeher« der Architektur, das zu Beginn des Jahrhunderts, vor allem in Europa, das Kino beherrschte. Das Licht des Kinos steht nicht im Gegensatz zu der Undurchdringlichkeit der architektonischen Materie – der Camera obscura –, es ist nur, wie die Elektrizität, ein unerwarteter Maßstab seiner Dauer, ein »neuer Tag«. Die Architektur widersteht dem Nihilismus des Kamera-Gewehrs wie die Wälle der alten Festung fünfhundert Jahre zuvor der Kinematik der Artillerie standhielten, ehe deren Durchdringungskraft, die phantastische Fortschritte gemacht hatte, sie zerstörte.

Kurz vor der Jahrhundertwende benutzte Oskar Meßter mangels einer Kamera sein Wohnzimmer als Camera obscura. Er verdunkelte es und ließ nur ein winziges Loch zur Straße hin offen; das Laufwerk seines Projektors verwendete er zum Rohfilmtransport. Meßter nahm die Theoretiker des »Kammerspielfilms« vorweg, die mit Lupu Pick der Ansicht waren, daß »der unerträgliche Druck von Ort und Zeit die Psychologie der Figuren ersetzen« solle. 1925 drehte Dreyer *Du sollst deinen Mann ehren* auf allerengstem Raum, in einer Zweizimmerwohnung, die bis ins kleinste Detail im Studio nachgebaut war. Zwei

Jahre später inszenierte er seine *Jeanne d'Arc* in einem einzigen Dekor, einer wahrhaft kompakten Architektur, die bei Paris errichtet wurde. Der Drehplan entsprach dem chronologischen Ablauf des wirklichen Prozesses. Das erinnert an Edisons berühmte Black Maria, diese andere Camera obscura, die zugleich als Studio und als Projektionsraum diente und die um ihre Achse drehbar war, damit durch die zu öffnenden Flanken jederzeit das Sonnenlicht eindringen konnte.

Das lange Stillhalten des Modells, das in der frühen Photographie die Synthese des Ausdrucks erzwang, wurde nun ersetzt durch die Logik der Chronologie. An die Stelle der schnittfreien Sequenzen trat die Dekorarchitektur, die mit ihren Volumen und Wänden den Raum aufteilte und die elliptische Erzählung einführte. Ähnlich wie für meine Enkelin, die glaubt, wenn sie sich von einem Zimmer ins andere bewegt, hinter jedem Fenster eine andere Sonne zu sehen, vollzog sich im Film die Heraufkunft eines noch unbekannten unabhängigen Lichtzyklus. Wenn es der Photographie schwerfiel, sich in Bewegung zu setzen, so vor allem deshalb, weil es von den Pionieren überraschende und schwierige Lösungen verlangte, in einer unbeweglichen und streng geordneten alten Umwelt die kinematische Zeit in Funktion zu setzen und ihre eigene Geschwindigkeit zu erfassen.[3]

1759 baute der Ingenieur Joseph Cugnot das erste Fahrzeug mit Selbstantrieb, einen für militärische Zwecke

---

[3] Bekannt ist Walter Benjamins Überlegung (in *Das Kunstwerk im Zeitalter seiner technischen Reproduzierbarkeit*), die von der Beobachtung ausgeht, daß eine »in Gang befindliche Uhr auf der Bühne immer nur störend wirken« würde, während der Film »bei Gelegenheit ohne weiteres eine Zeitmessung nach der Uhr verwerten« könne. Benjamin sieht da die Möglichkeit einer handlungsmäßigen Wechselbeziehung zwischen Requisit und Darsteller, weshalb der Film »ein hervorragendes Instrument materialistischer Darstellung sein« könne; heute erblickt man hier eher einen Beweis für die Unabhängigkeit der filmischen Zeit.

bestimmten dampfgetriebenen Wagen. Bei seiner ersten öffentlichen Vorführung fuhr er ein Stück Mauer ein. Merkwürdigerweise demonstrierten auch die Brüder Lumière, ein gutes Jahrhundert später, die kinematische Automobilität am Beispiel der *Zerstörung einer Mauer*: in dem Film dieses Titels bricht eine Mauer zuerst in einer Staubwolke zusammen und baut sich dann durch Rücklauf des Filmstreifens wieder auf – die Einführung des Filmtricks. Auch Méliès vergnügte sich damit, dieses Ritual einer provisorischen Zerstörung aufzuführen. Man erinnere sich der Episode in *Le Voyage à travers l'impossible* von 1904, in der der »Automaboulof« der Gelehrten vom Institut für inkohärente Geographie die Tat von Cugnots Dampfwagen wiederholt und die Mauer eines Gasthofs einfährt. Die folgende Einstellung zeigt die Gaststube von innen: noch speisen die Gäste in aller Ruhe, dann erst erfolgt der Einsturz, als habe die Wand die kinematische Zeit ferngehalten. Später scheuten die Regisseure, wenn sie von einer Einstellung zur anderen kommen wollten, nicht davor zurück, ihre Schauspieler in »Durchgänger« zu verwandeln; Türen öffnen sich in Häusern ohne Fassade, wobei die Trennwände der Atelierbauten, die sich den Zuschauern im Querschnitt darbieten, so dünn wirken wie der Strich, der auf dem Filmstreifen die einzelnen Bilder voneinander trennt.

So zeigten die Regisseure, wie wenig ihnen der von der kinematischen Zeit bewirkte Bruch bewußt war. Sie erkannten nicht, daß auch in einem begrenzten Raum alles eine Frage der Geschwindigkeit ist, und drosselten die potentiellen Energien des Kameramotors. Das erinnert ein wenig an jene Schulhöfe, in denen es den Kindern untersagt war zu laufen, damit sie, wie Marcel Pagnol erklärte, »die Enge des Pausenhofs nicht zu sehr spürten«.

Als Griffith gegen Kriegsende an der französischen Front eintraf, um *Hearts of the World* zu drehen, war der archaische Teil des Krieges längst vorbei – 1914 hatte an der Marne die letzte romantische Schlacht stattgefunden –, und der Regisseur begegnete einem statisch gewordenen Konflikt, dessen Hauptaktion darin bestand, daß sich Millionen Männer an winzige Gebiete klammerten, sich für Monate, ja, wie bei Verdun, für Jahre eingruben, während ringsumher die Friedhöfe und Beinhäuser rapide wuchsen. Griffith, der Filmer von Kämpfen alten Stils, sah sich unversehens außerstande, Ereignissen gerecht zu werden, die das Resultat einer wissenschaftlich-technischen Explosion waren. Bei den neuen Techniken, von denen er so gut wie nichts verstand, war der Akzent von den Zwecken auf die Mittel übergegangen.

Dem bloßen Auge schien das Schlachtfeld, das er vor sich sah, aus nichts zu bestehen, keine Bäume, keine Vegetation, kein Wasser, selbst keine Erde mehr, kein Mann gegen Mann – das Paar Mord–Selbstmord hatte sich dem Blick entzogen. Die Schützengräben und Laufgräben der Deutschen und der Alliierten waren nur sechzig bis achtzig Meter voneinander entfernt – die Parole »Hier kommt keiner durch« erhielt einen anderen Sinn, hier lief tatsächlich nichts mehr. Von Veteranen des Ersten Weltkriegs bekommt man immer wieder zu hören, daß sie den Feind, den sie töteten, nie gesehen hätten. Das besorgen von jetzt an andere für sie. Diesen abstrakten Bereich, den Apollinaire als den Ort einer blinden und ungerichteten Lust beschreibt, erkannten die Soldaten nurmehr in der Flugbahn ihres Geschosses (»Mon désir est là sur quoi je tire«[4]) – eine teleskopische Spannung hin zu einer imaginären Annäherung; der unsicht-

4 Guillaume Apollinaire, *Tendre comme le souvenir*

bar gewordene Partner/Gegner gewinnt Gestalt, ehe das Geschoß ihn zerreißt.

Die durch die indirekte Sicht bewirkte unerwartete Phasenverschiebung gab dem Soldaten das Gefühl, weniger zerstört als vielmehr entwirklicht, entmaterialisiert zu werden. Die sinnlich erfahrbare Realität verschwand hinter einer Überbetonung visueller Bezugspunkte. Ständig anvisiert, wurde der Soldat dem Filmdarsteller Pirandellos ähnlich, der sich »wie im Exil« fühlt, »exiliert nicht nur von der Bühne, sondern von der eigenen Person«, und der sich damit begnügen muß, vor der kleinen Apparatur zu spielen, die dann mit seinem Schatten vor dem Publikum spielt: »Mit einem dunklen Unbehagen spürt er die unerklärliche Leere, die dadurch entsteht, daß sein Körper zur Ausfallserscheinung wird, daß er sich verflüchtigt und seiner Realität, seines Lebens, seiner Stimme und der Geräusche, die er verursacht, indem er sich rührt, beraubt wird, um sich in ein stummes Bild zu verwandeln, das einen Augenblick auf der Leinwand zittert und sodann in der Stille verschwindet.«

Die Nitrocellulose, aus der man Rohfilm herstellte, diente ebenfalls zur Herstellung von Explosivstoffen, und die Devise der Artillerie, »Ce qui est éclairé est révélé« (Was beleuchtet ist, ist entdeckt), hätte auch die der Kameraleute sein können. Vom 1. Oktober 1914 an wurden bei der Flugabwehr Geschütze und Scheinwerfer kombiniert; 1918 gab es beispielsweise zur Verteidigung Englands neben elf Jagdstaffeln 284 Flugabwehrkanonen und 377 Scheinwerfer, die den Himmel abtasteten. Als der Kaiser am 9. Januar 1915 die ersten Luftangriffe auf London und seine Industrieanlagen befahl, war die englische Flugabwehr in der Lage, von den nächtlichen Angriffen der deutschen Zeppeline hervorragende Filmaufnahmen zu machen.

Daran läßt sich der beträchtliche Rückstand der zivilen Kinematographie ablesen. Während etwa die russische Armee schon 1904 bei der Verteidigung von Port Arthur Scheinwerfer einsetzte, die bald auch mit Maschinengewehr-Kameras kombiniert wurden, war die Filmindustrie noch vom Sonnenlicht abhängig. Griffith war von der Front »schwer enttäuscht«, offenbar war die Realität des modernen Krieges nicht vereinbar mit dem Realismus des Kinos, wie er ihn verstand und wie das Publikum ihn verlangte.[5] Er verließ den Kontinent und rekonstruierte die Schlachten, die sich wenige Kilometer entfernt in Realität vollzogen, in der Ebene von Salisbury – sie wurde bald darauf in einen Spezialfriedhof für die Opfer der Grippeepidemie verwandelt, die gegen Kriegsende über die Welt hereinbrach und weitere siebenundzwanzig Millionen Tote forderte. Zurück in Hollywood, drehte er den Film mit reduziertem Budget auf der Lasky-Ranch ab – mit Erich von Stroheim als militärischem Berater. Trotz des einfallslosen Drehbuchs wurde der Film in den Vereinigten Staaten ein großer Erfolg und wirkte nachdrücklich ein auf die öffentliche Meinung.

Wahrscheinlich empfand Griffith dem modernen Krieg gegenüber dieselbe Bitterkeit, die er verspürte, als er Giovanni Pastrones *Cabiria* zum ersten Mal sah. Dieser Film, 1912 in Italien gedreht, kam 1914 nach Amerika. Karl Brown erinnert sich: »Die Besprechungen von *Cabiria* machten einen solchen Eindruck auf Griffith, daß er und die wichtigsten Mitglieder seines Stabes den nächsten Zug nach San Francisco nahmen und ihn sich ansahen.« Brownlow: »Einen Film gemacht zu haben, der als der

5 Griffith machte mit seinem Kameramann, dem Hauptmann Kleinschmidt, an der Front jedoch eine Reihe sehr interessanter Aufnahmen, bei denen er sich auf logistische Aktivitäten konzentrierte. Sie werden im Londoner Imperial War Museum verwahrt.

Welt größtes Meisterwerk gepriesen wurde, muß aufregend gewesen sein – aber wie bitter muß es für ihn gewesen sein, *Cabiria* zu sehen, mit dessen materiellem Aufwand und technischer Bravour verglichen *The Birth of a Nation* vorsintflutlich wirkte.«

Cabiria kam aus der Heimat der Futuristen; deren Manifest datiert drei Jahre früher als der Film. Bei Pastrone spürt man wie bei der Futuristen, daß die euklidische Linearität und die Gleichsetzung des menschlichen Blicks mit der Antriebsenergie nicht länger das Denken bestimmt. Absichtsvoll vernachlässigt der Regisseur den narrativen Charakter seines Drehbuchs zugunsten des technischen Effekts, der dynamischen Perfektionierung der Aufnahmen. Brownlow: »Besessen von der dritten Dimension, bringt Pastrone Einstellungen von bemerkenswerter Tiefe zustande, indem er die Bildebenen durch eine ständig bewegte Kamera gegeneinander absetzt.«

Im systematischen Ge- und Mißbrauch des von ihm entwickelten »carello«, der Fahrtaufnahme, hatte Pastrone gezeigt, daß die Aufgabe der Kamera nicht darin besteht, Bilder zu erzeugen – das machten Maler und Photographen seit langem –, sondern darin, die Dimensionen zu manipulieren und zu verfälschen. »Um Traumhaftes, das heißt visuelle Halluzinationen hervorzubringen«, bestätigt Ray Harryhausen, einer der gegenwärtigen Meister der Spezialeffekte, »braucht man die ›Filmbewegung‹ ebensowenig zu kopieren wie der Maler eine Photographie.« Harryhausens Feststellung weist auf ein bestimmtes Problem hin. Die Kinowahrheit wird vierundzwanzigmal in der Sekunde vom Kameramotor erzeugt, aber der entscheidende Unterschied zwischen Photographie und Film besteht darin, daß der Blickpunkt in Bewegung versetzt werden und der Stagnation der Schärfen- und Standortfixierung entgehen kann, um eins zu werden mit der Fahrgeschwindigkeit seiner Vehikel. Seit Mareys Experimenten ist der Aufnahmeapparat in Bewegung. Stillstand wird abgelöst durch Standfestigkeit. Aber was von Pastrone an problematisch ist am Film, ist nicht so sehr Effekt der in Bewegung versetzten Perspektive, sondern die Raumtiefe selbst als Zeitdimension des projizierten Raums – das elektronische Licht der Holographie (Laser) und der Infographie (integrierter Schaltkreis) bestätigte dann diese Relativität; die Geschwindigkeit erscheint als ursprüngliche Größe des Bildes und somit als Ursprung der Tiefe.

Pastrones Film entstand zur Zeit des libyschen Kolonialkriegs, einer der Folgen des patriotischen Rausches, der die Italiener seit der Fünfzigjahrfeier ihrer nationalen Einheit erfaßt hatte. Von diesem Zeitpunkt an unternahm das Land große militärisch-industrielle Anstrengungen. Gabriele d'Annunzio, der am Drehbuch zu *Cabiria* beteiligt war, ein der futuristischen Bewegung nahestehender Dandy, war Militärflieger und sollte bald darauf bei der Eroberung von Fiume eine Rolle spielen.[6] Merkwürdigerweise fand die kinematische Automobilität in der futuristischen Bewegung wenig Beachtung. Zwei Filme entstanden 1914 und 1916, von denen der eine von Marinetti angegriffen wurde. Dabei war er der erste, der zwischen dem Krieg und der Luftfahrt, einer von der Flüchtigkeit der Flugperspektive bestimmten dromoskopischen Sicht, eine Verbindung herstellte. 1912 veröffentlichte er *Der Monoplan des Papstes*, den Reisebericht eines futuristischen Fliegers, in dem man den Autor selbst wiedererkennt, und fast gleichzeitig, angeregt von einem begeisterten Besuch an der libyschen Front, *Die Schlacht von Tripolis*, wo die schreibende Hand »sich vom Körper zu lösen scheint und in Freiheit fortfährt, weit entfernt vom Hirn, das seinerseits,

6 Giovanni Lista, *Marinetti*, Paris 1976

in gewisser Weise losgelöst vom luftförmig gewordenen Körper, aus großer Höhe mit schreckenerregender Klarsicht herunterschaut auf die überraschenden Sätze, die aus der Feder fließen«.[7]

Film und Luftfahrt traten gegen Ende des neunzehnten Jahrhunderts gleichzeitig in Erscheinung. Seit 1914 ist die Luftfahrt eigentlich kein Mittel mehr zum Fliegen, zur Aufstellung von Rekorden – die Deperdussin flog schon 1913 mehr als zweihundert Stundenkilometer –, sie wird zu einer Sehweise oder vielmehr zum eigentlichen Mittel des Sehens überhaupt. Im Gegensatz zur allgemeinen Annahme steht am Anfang der Militärfliegerei die Luftaufklärung – der Einsatz bewaffneter Flugzeuge wurde von den Generalstäben zunächst abgelehnt. Aber auch in der Luftaufklärung, zur Information der Bodentruppen, zur Korrektur von Artilleriebeschuß, für die Aufnahme von Photos, wurde das Flugzeug zunächst als eine Art fliegender Mirador verstanden, ähnlich den bewegungslosen Aerostaten und ihren mit Papier und Bleistift ausgerüsteten Kartographen. Die mobile Erkundung blieb weiterhin der Kavallerie und ihrer hohen Beweglichkeit am Boden anvertraut – bis zur Marneschlacht, als Joffre zum ersten

7 In *Les Carabiniers*, 1963, setzt Godard Sturzkampfbomber und Landschaftspostkarte zueinander in Beziehung. Apollinaire fügte 1914 seinem ersten Ideogramm die Collage einer Postkarte ein, die ihm sein Bruder geschickt hatte. Im selben Jahr nahm Marinetti den ungekürzten Text eines Flugblatts, das im Balkankrieg von einem bulgarischen Flugzeug abgeworfen worden war, in die kinematographische Textur von *Zang Toumb Toumb* auf. Die italienische Staffel La Serenissima überschüttete unter der Führung von d'Annunzio am 9. August 1918 die Stadt Wien mit Flugblättern. Nach dem Krieg von 1870/71 begann die Postkartenindustrie damit, die Photographie in den Verkehr einzubringen – mittelbare Bilder, keine direkten, meist anonyme, billige, populäre Bilder. Sie waren sentimental oder erotisch, oft nur Reklame, aber außerdem häufig auch Mittel nationalistischer und revanchistischer Propaganda, für Geburtensteigerung und Wissenschaftlichkeit. Viele wirken wie Vorformen surrealistischer Collagen, Photomontagen, die reale Landschaften, gezeichnete Requisiten, Phantasiefahrzeuge, groteske Figuren mischen – eine Ästhetik, die der der späteren Filme von Méliès und Zecca verwandt ist.

Mal durch die Luftaufklärung Informationen erhielt, die ihm dann seine siegreiche Offensive ermöglichten. Die Lage der Aufklärungsflieger war nicht beneidenswert; bei ihren photographischen Aufträgen mußten sie eine konstante Höhe halten, damit der Maßstab der Aufnahmen stimmte – diese relative Unbeweglichkeit machte sie sehr verwundbar.[8] Und auch als die Generalstäbe die Fliegerei endlich ernst nahmen, blieb die Luftaufklärung, die taktische wie die strategische, zunächst photographischer Natur und wurde dann erst kinematographisch. Und als die Maschinen mit Telegraphen ausgestattet wurden und verbale Informationen direkt an die Stäbe übermitteln konnten, bewirkte die zeitraubende Auswertung der photographischen Dokumente durch das Bodenpersonal von der Aufnahme bis zu ihrer Einspeisung in die Kampfhandlungen noch immer einen erheblichen Verzug.

Hervorragende Flugzeugführer waren selten. Zuerst waren es »Sportler« wie Védrines und Pégoud, dann kamen sie aus allen Waffengattungen, vor allem von der Kavallerie, der Aufklärungstruppe par excellence – eine Tradition, die die Amerikaner heute noch betonen. Zu Kriegsbeginn zogen die Piloten es noch vor, allein zu fliegen. Aber sie mußten während der Kämpfe und Aufnahmen wahre Kunststücke vollbringen, um gleichzeitig schießen, filmen und steuern zu können. Das machte sie zu Erfindern, wie Roland Garros, der ein System erfand, das es, dank einer besonderen Panzerung, erlaubte, mit dem

8 Jean Renoir gehörte einer dieser Staffeln an. In *La Grande Illusion* ließ er Jean Gabin seine eigene Fliegerjacke aus dem Krieg tragen. »Die Geschichte des Films ist entschieden wahr«, sagt Renoir, »sie ist mir von verschiedenen Kriegskameraden erzählt worden, vor allem von Pinsard. Er war bei den Jagdfliegern, ich bei den Aufklärern. Ich hatte gelegentlich hinter den deutschen Linien Aufnahmen zu machen. Er hat mir mehrmals das Leben gerettet, wenn deutsche Jäger allzu lästig wurden. Er selbst wurde siebenmal abgeschossen, geriet siebenmal in Gefangenschaft und flüchtete siebenmal.«

Maschinengewehr durch den Propeller zu schießen, ohne ihn zu gefährden. Oder der dem Army Air Corps angehörende Omer Locklear, der dadurch bekannt wurde, daß er während des Fluges auf die Tragfläche seiner Maschine kletterte, um zu beweisen, daß sie das Gewicht eines zusätzlichen Maschinengewehrs aushalten könne. Nach 1919 machte er in Hollywood als Stunt-Flieger Karriere, wie in Frankreich Roland Toutain, der empfindsame Flieger aus Renoirs *La Règle du jeu*. Oder schließlich der Kriegsflieger Howard Hawks, der 1930 mit dem Geld von Howard Hughes nach seinen eigenen Erinnerungen den Film *Dawn Patrol* drehte.

Im Juli 1917 führte der Rittmeister Manfred von Richthofen, der berühmte »rote Baron«, die Taktik des »fliegenden Zirkus« ein, bei der die Maschinen zu Geschwadern von jeweils vier Staffeln aus achtzehn Flugzeugen zusammengefaßt wurden. Beim Richthofen-Zirkus gab es prinzipiell kein Oben und Unten mehr, keine visuelle Polarität, die *Spezialeffekte* der Kriegsflieger hießen »Looping«, »welkes Blatt«, »große Acht«. Von nun an entzog sich die Luftsicht der euklidischen Neutralisierung, die von den Grabenkämpfern noch so nachdrücklich empfunden wurde. Das Fliegen eröffnete endoskopische Tunnel, man erhielt Zugang, bis hin zum »blinden Punkt«, zu der überraschendsten topologischen Sicht, wie sie schon vorweggenommen worden war in den Jahrmarktsattraktionen des vorigen Jahrhunderts, bei den Riesenrädern, den Geisterbahnen, den *scenic railways*.

Vierzig Jahre lang stagnierte die Flugbeobachtung, dann begriffen die Amerikaner in Vietnam, daß ihre Probleme neu überdacht werden mußen. Die daraufhin einsetzende technische Revolution trieb die Grenzen der Erforschung von Zeit und Raum immer weiter vor, bis die Luftaufklärung und ihre alten Darstellungsweisen in der

Unmittelbarkeit der *Echtzeit*-Information aufgingen. Statt der Objekte und Körper selbst beobachtete man nun ihre physiologischen Spuren; dazu diente ein ganzer Schwarm von neuen Mitteln, Sensoren, die mehr auf Schwingungen, Geräusche, Gerüche reagieren als auf Sichtbares, Fernsehen mit Bildverstärker, Infrarot-Beobachtungsgeräte, thermographische Bilder. Wenn die Aufzeichnung zur *Echtzeit* wird, entzieht diese sich dem Zwang zur chronologischen Erscheinung und wird kinematisch. Die Information ist nicht mehr starr wie auf der alten Photographie; sie gestattet vielmehr, insoweit menschliche Aktivität stets Wärme- und Lichtquelle ist und daher in Zeit und Raum extrapolierbar, die Interpretation des Vergangenen und Zukünftigen.

1914 wurde die systematische flächendeckende Beobachtung des Schlachtfeldes durch die Bordgeräte noch durch Dunkelheit, Nebel, tiefhängende Wolken behindert. Nur die Bombenflugzeuge waren schon unabhängig vom Wechsel von Tag und Nacht. Zunächst stattete man sie mit einfachen elektrischen Lampen aus, dann wurden Scheinwerfer unter ihrem Fahrgestell und Lampen an den Enden der Tragflächen angebracht. Dieser durch Beleuchtung und klimatische Bedingungen bestimmte Wechsel bildet die dialektische Textur eines verkannten Films, Joseph Loseys *Figures in a Landscape* aus dem Jahr 1970. Wie der Hubschrauber der Polizei oder der Straßenwacht erfaßt Loseys Hubschrauber in *einem* Bild die Verfolgung zweier Flüchtender zusammen mit den Landschaften des Westens. Der Kampf ist hier ein Raumspiel, alle Instrumente nehmen teil. Die visuell Verfolgenden müssen den Zwischenraum aufheben, den Abstand annullieren, erst mit ihren Transportmitteln, dann mit ihren Waffen. Die Ausrüstung der Fliehenden ist eigentlich ein Mittel weniger der Zerstörung als der Distanzierung; nur der Bereich, der sie von ihren Verfolgern trennt, steht ihnen zur Verfügung. Sie können nur durch die bloße Entfernung überleben. Ihr letzter Schutz ist die Kontinuität, die Natur in ihrer Gesamtheit. Sie meiden alles, was auf Gebrauch hinweist, Straßen, Häuser, alles, was informiert; sie schlängeln sich durch Bodensenken, im Schutz von Gras und Bäumen, atmosphärischen Störungen und Dunkelheit. Dabei ist zu bedenken, daß *Figures in a Landscape* während des Vietnamkrieges entstand, zur selben Zeit, als die First Cavalry, die in den weiten Ebenen des Westens die Indianer verfolgt hatte, in Konsequenz ihrer Vergangenheit mit Hubschraubern ausgestattet wurde. Zehn Jahre später griff Coppola in *Apocalypse Now* auf Loseys Film zurück und inszenierte sein Hubschrauberballett im Westernrhythmus zum Klang einer Trompete, die das Signal zum Angriff einer Reiterschwadron bläst.

Mit dem Aufschwung der Zivilluftfahrt, die vor allem ehemalige Bombenflugzeuge wie die Bréguet 14 einsetzte, hörte ab 1919 die Luftsicht auf, ein Privileg weniger zu sein, und fand ein wachsendes Publikum. Von Anfang an aber warf die Luftphotographie die Frage auf, welcher Aspekt der Mischtechnik Chrono/Photo/Flug/Waffe bei der Herstellung des Kriegsfilms schließlich den Ausschlag geben würde, ob nicht die durch zunehmende Fluggeschwindigkeit und Feuerkraft bewirkte topologische Befreiung letztlich neue kinematische Gegebenheiten schafft, die die ausschließlich vom Kameramotor bewirkten an Bedeutung weit übertreffen.

»Ich erinnere mich noch, welchen Effekt ich in einer kleinen Gruppe des Galla-Stammes hervorrief, die sich um einen schwarzgekleideten Mann drängte«, berichtete Mussolinis Sohn Vittorio während des Abessinienkrieges 1935/36. »Im Sturzflug placierte ich meine Bombe genau in ihrer Mitte, und die Gruppe öffnete sich wie eine aufblühende Rose.« Die Aktion der Waffe, des Sturzkampfbombers, bewirkt, daß eine Form sich auflöst vor den Augen des Kriegers und augenblicklich in einer phantastischen Überblendung eine andere erscheint und sich bildet, die er geschaffen hat wie ein Regisseur, der am Schneidetisch eine Montage vornimmt, die ästhetisch befriedigt.

Das Schlachtfeld war von Anfang an ein Wahrnehmungsfeld, und das Kriegsgerät für Heerführer und Waffenträger ein Darstellungsmittel, vergleichbar dem Pinsel und der Palette des Malers. Bekannt ist, welche Bedeutung bei orientalischen Kriegersekten die bildliche Darstellung besaß; die Hand des Kriegers ging von der Handhabung des Pinsels mühelos über zu der der blanken Waffe, so wie später der Flieger, wenn er seine Waffe betätigte, automatisch die Aufnahme mittels der damit gekoppelten Kamera auslöste. Für den Krieger geht die Funktion des Auges auf in der Funktion der Waffe. Deshalb haben die Kinematik der Kriegsfliegerei und der von ihr bewirkte Zusammenbruch des räumlichen Kontinuums und der atemberaubende Fortschritt der Kriegstechnologien seit 1914 die alte homogene Sicht buchstäblich zum Platzen gebracht und zur Heterogenität der Wahrnehmungsfelder geführt. Die Metapher der Explosion ist von nun an sowohl in der Politik als auch in der Kunst geläufig.

Die Filmer, die den Krieg überlebten, gingen vom Kampf auf dem Schlachtfeld unmittelbar zur Produktion von Wochenschauen und Propagandafilmen und weiter von »Kunstfilmen« über. Dziga Vertov, der 1918 zum Personal von Lenins erstem Propagandazug gehörte, proklamierte das »bewaffnete Auge des Filmers«: »Ich bin das Kinoauge. Ich bin ein mechanisches Auge. Ich, die Maschine, zeige euch die Welt so, wie nur ich sie sehen kann. Von heute an und in alle Zukunft befreie ich mich von der menschlichen Unbeweglichkeit. *Ich bin in ununterbrochener*

Bewegung, ich nähere mich Gegenständen und entferne mich von ihnen, ich krieche unter sie, ich klettere auf sie, ich bewege mich neben dem Maul eines galoppierenden Pferdes, ich rase in voller Fahrt in die Menge, ich renne vor angreifenden Soldaten her, ich werfe mich auf den Rücken, ich erhebe mich zusammen mit Flugzeugen, ich steige und falle zusammen mit fallenden und aufsteigenden Körpern.«[9] Diese Filmer, die das Bild »aus der Bahn werfen« wie die Surrealisten die Sprache, hatte ihrerseits der Krieg aus der Bahn geworfen. Auf dem Schlachtfeld waren sie nicht nur zu Kriegern geworden; sie rechneten sich, wie die Flieger, zu einer Art technischen Elite. Der Krieg hatte ihnen die militärische Technologie in Aktion als höchstes Privileg der Kunst dargestellt. Die technologische Überraschung löste in der Avantgardeproduktion der unmittelbaren Nachkriegszeit eine sagenhafte Fusion/Konfusion aus. Während Kriegsaktualitäten und chronophotographische Flugdokumente in den Archiven verschwanden, in den Geheimtresors der Militärarchive oder in Privatsammlungen von Kriegserinnerungen, boten die Filmer dem großen Publikum diese technologischen Effekte als neuartiges Schauspiel dar und setzten so den Krieg und die von ihm ausgelöste Formenzerstörung fort.

In diesen Zusammenhang gehört auch der Fall des Obersts Steichen, der die Operationen der Flugaufklärung beim amerikanischen Expeditionskorps in Frankreich befehligte.[10] Rund 1 300 000 Abzüge landeten schließlich in seiner persönlichen Sammlung, ein Großteil davon wurde später unter seinem Namen und als sein Eigentum ausge-

9 Deutsch in Dziga Vertov, *Schriften zum Film*, München 1973. 1919 veröffentlichte Vertov in *Lef*, der von Majakovskij herausgegebenen Avantgarde-Zeitschrift, einen Artikel gegen den Erzählfilm, der – unter Verwendung futuristischen Vokabulars – den bürgerlichen Drehbüchern und ihrer Psychologie den Krieg erklärt.

10 Vgl. Allen Sekula, *Steichen At War*, in *Artforum*, Dezember 1975

stellt und verkauft. Steichen unterstanden während des Krieges über fünfzig Offiziere und über tausend Mann. Er organisierte die Herstellung von Informationen fabrikmäßig – erstmals wurde die Bilderproduktion fließbandartig organisiert.[11] Das Photo verlor den Charakter des Episodischen, anstelle von Einzelbildern wurde ein Bilderfluß produziert – den statistischen Tendenzen dieses ersten militärisch-industriellen Konflikts entsprechend. Dieser Druck der Waffentechnik änderte, ähnlich wie im Fall Griffith, Steichens Vorstellung von Photographie von Grund auf.

Wie die meisten Photographen hatte Edward Steichen als »Maler-Photograph« begonnen. Er war ein Freund Frankreichs und ein Bewunderer Rodins, an dessen Beisetzung er 1917 teilnahm. Sein photographisches Selbstporträt von 1901 stellt ihn mit Pinsel und Palette dar und war als »die Antwort eines Photographen auf Tizians *Mann mit Handschuh*« gemeint – auch die amerikanischen Filmer, Griffith und DeMille zum Beispiel, hatten für diese Art von »Kamerarepliken« auf bekannte Gemälde eine Schwäche. Zur Zeit des amerikanischen Kriegseintritts, 1917, stellte die Zeitschrift *Camera Work* ihr Erscheinen ein; ihre letzte Nummer bedeutete eine Absage an den »Piktorialismus«, der seine Glaubwürdigkeit als Avantgardeverfahren eingebüßt hatte. Steichen ging sofort ganz in seiner militärischen Aufgabe auf. Nach dem Waffenstillstand zog er sich im Zustand tiefer Depression in sein französisches Landhaus zurück, verbrannte seine Gemälde und schwor, nie wieder malen zu wollen. Er schwor auch aller malerischen Inspiration in der Photographie ab, die ihm als individualistisch und elitär erschien, und bemühte sich um eine neue

11 In Henry Fords Autofabriken waren die Fließbänder erst 1914 in Betrieb genommen worden.

Konzeption des Bildes, die direkt an die Aufklärungs-
photographie und ihre planmäßige Herstellung an-
knüpfte. »Ich nahm mir vor, zu lernen, Photos für Druck-
seiten zu machen, denn ich war entschlossen, ein großes
Publikum zu erreichen, statt nur die wenigen Leute, die
ich als Maler erreicht hatte.« Mit Steichen wurde die
Kriegsphotographie zur Photographie des »amerikanischen Traums«. Das Hollywoodsystem beschritt mit seiner
industriellen Verkaufsstrategie und seinen zum Massen-
konsum bestimmten Codes denselben Weg.

»Das Starphoto brauchte nicht erfunden zu werden . . .
Der Akt der Isolierung, der schon die Staraufnahme im großen Hollywoodfilm bestimmte, mußte nur bis zum Äußer-
sten getrieben werden«, schreibt Alain Bergala in den
Cahiers du Cinéma. Mich erinnert dieser Satz an die Szene in
La Grande Illusion von Renoir, in der die Kriegsgefangenen
ein Fest vorbereiten und aus einem Korb mit Bühnenrequi-
siten die vergilbten Werkzeuge weiblicher Verführungs-
kunst herausholen. Intime Wäschestücke, rüschenbesetzte
Dessous gehen unter Gelächter und Fratzenschneiden von
Hand zu Hand, bis die Gesichter sich plötzlich verschließen
und jeder sich zu einer Art geheimer Kommunion zu sam-
meln scheint, mit den weiblichen Kleiderfetzen, die es in
diesen Winkel des Krieges verschlagen hat, als Hostie. Die
Szene hat eine Entsprechung in einer anderen desselben
Films, in der der von Marcel Dalio gespielte reiche Jude,
auch er eine isolierte Gestalt, seinen Mitgefangenen ein
Essen gibt. Auch da stellt sich eine indirekte und alogische
Wahrnehmung ein; Geschmack, Neigung und Urteil jedes
Einzelnen verschieben sich von der Sache auf die Gestalt,
von der Form aufs Bild, in einem allgemeinen Interpreta-
tionsdelirium, das seinen Grund hat in der militärischen
Logistik, die dem Soldaten in seiner Ration eher den Um-

riß einer Mahlzeit als eine wirkliche Mahlzeit zuteilt, die ihm eine Frauenlocke zugesteht, aber eben nicht den Pelz. Renoir zeigt, wie auch fern vom Schlachtfeld, das in seinem Film übrigens nie in Erscheinung tritt, der Krieg das Verhältnis zum Sex und zum Tod verkehrt.

Das reicht von Irma Pavolin, Maupassants kleiner syphilitischer Prostituierter, die ihr Geschlecht als bakteriologische Vernichtungswaffe gegen die preußische Armee einsetzt, bis Henny Porten, die in antifranzösischen Kriegsfilmen auftrat, ehe sie zum ersten bekannten Pin-up-Girl wurde, dessen Photos die Unterstände des Ersten Weltkriegs schmückte. Das exemplarische Pin-up, das Bild des idealen jungen Mädchens, variierte die retuschierte Photographie, die die »Kriegspatin« dem Frontsoldaten schickte, die ferne, unberührbare, meist unbekannt bleibende Todesbraut, die sich dem Soldaten durch Briefe und Päckchen mitteilte, die außer Süßigkeiten Reliquien ihrer selbst enthielten, eine Haarlocke, einen Handschuh, getrocknete Blumen. Dem entsprach der Film, von dem Rudolf Arnheim schreibt, daß in ihm zu dieser Zeit der Schauspieler zum Requisit und das Requisit zum Hauptdarsteller wurde. Für die Frau wurde der Krieg, in den sie noch nicht eingegliedert war, zur objektiven Tragödie.

Der obszöne Blick des militärischen Eroberers auf den Körper der ferngerückten Frau gleicht dem, den er auf das vom Krieg verwüstete Gelände wirft. Er nimmt den Voyeurismus des Regisseurs vorweg, der den Star wie eine Landschaft abfilmt, mit Seen, Hügeln, Tälern, wie es Sternberg ausdrückt, der Erfinder Marlene Dietrichs – er hat sie nur abzulichten mit seiner Kamera, die sie fast berührt.[12] Später erklärte Carol Reed einer Schauspiel-

12 Viele der Regisseure, die die Amerikaner nach 1918 herüberholten, hatten am Krieg teilgenommen, die meisten in den Armeen Deutschlands und Österreich-Ungarns.

schülerin: »Das Entscheidende ist nicht, daß Sie gut sind, sondern daß die Kamera sich in Sie verliebt.«

Während des Zweiten Weltkriegs und danach zeigte der Erfolg des Strip-tease – ein Wortspiel, das Filmstreifen und sexuelle Erregung zusammenbringt –, welchen Umfang in einer militarisierten Gesellschaft diese technophile Übertragung erreicht hat. Zunächst von der Zensur verboten, wurde er in England schließlich von der Armee durchgesetzt. Anlaß war vor allem die berühmte Phyllis Dixey. Die Strip-tease-Tänzerin wird für die, die sie anschauen, zum Film: das Ablegen jedes Kleidungsstückes dehnt sich zur Sequenz, die lasziven Bewegungen funktionieren wie Überblendungen, die Musik dient wie die des Tonstreifens. Die Analogie wird noch deutlicher in den Etablissements, in denen der nackte Körper durch eine Glasscheibe, als »Schirm«, getrennt ist von dem nun mit Photoapparat oder Filmkamera ausgerüsteten Gegenüber, der sie aus kürzester Distanz betätigt, und schließlich in den elektronischen Kassettenspielen, bei denen eine Partie als gewonnen gilt, wenn innerhalb von neunzig Sekunden als Symbol des Orgasmus eine kleine rote Lampe auf dem Schirm aufleuchtet.[13] Bergalas Bemerkung über die visuelle Ausgrenzung des Darstellers läßt sich so noch ergänzen durch eine Äußerung von Sydney Franklin: »Die ganze Anstrengung des Starsystems zielt darauf ab, den Star in jeder Hinsicht dem Publikum näherzubringen.« Er fügt hinzu: »Hätte man Norma Talmadge über dreihundert Meter auf einem Stuhl sitzend gezeigt, wären ihre Verehrer gerannt gekommen, das zu sehen.«

Das Starsystem und die Erfindung des Sexsymbols sind

13 Eins der ersten pornographischen Videospiele hieß *General Custers Rache*. Die den General repräsentierende Figur, nur mit einer Mütze bekleidet, muß durch eine mit Hinterhalten gespickte Wüste bewegt werden. Das Spiel endet mit der Vergewaltigung einer Squaw.

die Folgen einer Logistik der Wahrnehmung, die sich im Verlauf des Ersten Weltkriegs auf allen Ebenen entwickelte. Der Krieg nahm überraschende logistische Dimensionen an und ließ die Methoden der Amerikaner, die von Natur aus Nomaden waren, über ein noch durch Parzellierung und Seßhaftigkeit charakterisiertes Europa triumphieren. So konnten sie den ersten Ölkrieg gewinnen; nachdem unsere Armee mit vierhundert Tankwagen in den Krieg gezogen war und die Amerikaner davon mehr als zwanzigtausend anbieten konnten, geriet der französische Markt in die Hände von Standard Oil. Von nun an wurde der Markt nicht mehr so sehr von den Objekten des Verbrauchs bestimmt als vielmehr von deren Anlieferungsvektoren. Seit den zwanziger Jahren, noch vor dem New Deal, ist in den Vereinigten Staaten die Entneutralisierung der Medien zu beobachten; Industrie und Handel bemächtigten sich ihrer und stellten sie in den Dienst ihrer Interessen. Sie hatten nun Hollywood fest in der Hand – samt den Zulieferindustrien, die, wie Brownlow schreibt, »um die Studios aus dem Boden schossen wie die mittelalterlichen Städte um die Burgen«.

1889 begeisterte der Eiffelturm – samt seiner mit Scheinwerfern bestückten umlaufenden Plattform und seinem öffentlichen Postamt – den in Paris zu Besuch weilenden Thomas A. Edison und ein paar Indianer aus Buffalo Bills *Great Show of the Wild West*. Als erster hatte der Oberstleutnant Gustave Ferrié, ein Absolvent des Polytechnikums, die Idee, den Turm als Antenne zu benutzen; bei Kriegsausbruch 1914 wurde er sofort eingezogen und der gesamte Funkverkehr ihm unterstellt. Ihm ist es auch zuzuschreiben, daß alle Funkgeräte der Alliierten in Frankreich hergestellt wurden und sich aus der alten drahtlosen Telegraphie der Rundfunk entwickelte. 1915 begann die

Serienproduktion der ersten elektronischen Kathode, der T. M. (*télégraphie militaire*), die ein Mitglied des Ferrié-Teams erfunden hatte, und gegen Kriegsende dachte man schon ans Fernsehen.

Das Markenzeichen der RKO war ein riesiger Sende-turm, der nun nicht mehr bloß, wie der Eiffelturm, »die Welt in Erstaunen versetzte«, sondern den Globus, auf dem er thront, mit Botschaften überziehen sollte. Zur Logistik der photo- und kinematographischen Bilder fügte der Krieg die der Töne hinzu und bald auch, durch die Auswertung der populären Radiophonie, die zwischen den beiden Kriegen mit riesigen Konzertsälen und öffentlichen Sendungen einen jähen Aufschwung erlebte, eine musikalische Logistik – von der *Rose der Pikardie* von 1914 bis zur *Lily Marleen* von 1940 und zu Glenn Miller, der zu einem ihrer Hauptvertreter wurde, ehe er ein rätselhaftes Ende fand. Während des Zweiten Weltkriegs störten die kriegführenden Parteien die Sendungen des Gegners mit beängstigenden Zwitschertönen, wurden vieldeutige Tonbotschaften gesendet und verschlüsselte Nachrichten für den Widerstand im feindlichen Lager, die »Armee im Schatten«. Im Londoner Informationsministerium tagte in Permanenz ein »Komitee für Propagandaideen«, dem auch der Schauspieler Leslie Howard angehörte, einer der Hauptdarsteller von *Vom Winde verweht*. Im August 1939 nach England zurückgekehrt, machte er Rundfunksendungen für Amerika, während von Deutschland aus ein Engländer namens William Joyce zu seinen Landsleuten sprach.

Joseph Goebbels, vom Journalisten zum Propagandachef aufgestiegen, hatte seinerseits vor dem Kriege viele Neuerungen eingeführt. Er förderte Hitlers Machtübernahme, indem er fünfzigtausend Propagandaschallplatten an deutsche Haushalte mit Plattenspielern verschickte, setzte nach der Machtübernahme die Vorführung von

Kurzfilmen mit ideologischem Gehalt in den Kinos durch und ordnete die Herstellung des allgemein erschwinglichen »Volksempfängers« an.

Die »Isolierung« der Weltkriegsflieger bestand noch darin, daß sie sich gegen Motoren- und Windgeräusch Watte in die Ohren stopften und ihre Augen mit Brillen schützten; ob sie einen Helm aufsetzten, blieb der Entscheidung des einzelnen überlassen. Fünfundzwanzig Jahre später, gegen Ende des Zweiten Weltkriegs, war die luftdrucksichere Kabine der amerikanischen Superfestungen im Einsatz über Europa zu einem Synthesizer geworden, der gegen alles Leben ringsumher vollkommen abgeschottet war. Die technische Isolierung wirkte so traumatisierend, daß das Strategic Air Command beschloß, die gefahrvollen Wege seiner Armadas heiterer zu gestalten. Auf die Tarnfarben der Bomber wurden in lebhaften Farben die Helden von Zeichenfilmen und riesige Pin-ups mit beziehungsvollen Namen gemalt. Auch eine Art fernmündlicher Truppenbetreuung wurde eingeführt: Sprecherinnen mit melodiösen Stimmen nahmen sich über Sprechfunk der Besatzung an; sie dirigierten sie, munterten sie aber auch während ihrer Flüge auf und überzogen das Bild der Zerstörung mit Witzen, Klatsch und gefühlvollen Liedern.

Stanley Kubrick hat diesen audiovisuellen Effekt getreu wiedergegeben, als er zu der Serie von Atomexplosionen, mit der sein *Dr. Seltsam* endet, Very Lynn *We Will Meet Again* singen läßt. Die Kritik hat ihm vorgeworfen, er habe es sich leichtgemacht, indem er Wochenschauaufnahmen von Hiroshima und den Weihnachtsinseln verwendete, die billig zu haben und außerdem sattsam bekannt gewesen seien.[14] In Wahrheit ist Kubrick mit dem größten Realis-

<hr />

14 Norman Kagan, *The Cinema of Stanley Kubrick*, New York 1972

mus vorgegangen. Die Aufzeichnung aufeinanderfolgender Zustände der befreiten Materie zusammen mit der Aufzeichnung einer fernen Stimme, die vom Wunsch nach einer Begegnung singt, die im selben Augenblick unmöglich wird, und zwar endgültig und weltweit, dies alles trifft das Bild des Krieges im Kern.

Mit seiner Überproduktion von Bewegung und indem er die Leistungen der Mittel zur Zerstörung und der Mittel zur Kommunikation vermengt, verfälscht der Krieg die Entfernungen und damit die Erscheinungen. Für den Kriegsherrn sind Entfernungen unbeständig, sie stellen sich ihm getrennt von ihrem natürlichen Kontext dar. Hermes, der Gott der Logistik, trägt den Beinamen Trismegistos, der dreimal Größte, wie der Gott Thot der Ägypter; die Ilias zeigt den gigantischen Achilles vor den Mauern Trojas; überdimensional sind auch die Standbilder der Eroberer, von Ramses bis Stalin, Kolosse aus Stein oder Bronze, denen man zutraut, in einer leeren, ausgeweiteten Welt, einem unvorstellbar großen Aktionsfeld sich zu bewegen, wie Gulliver oder wie Alice, die sagt: »Ich wurde mehrmals vertauscht.« Aber für Alice prallt die sichtbare Welt nicht ab an der Wand des Spiegels, der Widerschein ist nicht Grenze, sondern Durchgang. Der Autor Lewis Carroll war ja kein anderer als der Mathematiker Charles Dodgson, einer der Erfinder der »transzendenten Mathematik«, einer Art mathematischer Logistik, in der das Kontinuierliche und das Diskontinuierliche zusammengehen, und obendrein war er ein begeisterter Photograph.

Das Starsystem resultierte aus derselben Unbeständigkeit der Dimensionen, die übrigens nicht von jedem Publikum gleich aufgefaßt werden – es gibt Zuschauer, die die von den Filmern erdachten Lösungen zeiträumlicher Kontinuität irritieren.[15] Es ist kein Zufall, daß Marilyn

15 Vgl. Rudolf Arnheim, *Visual Thinking*, Berkeley, Los Angeles, London 1969

Monroe, einer der letzten Stars, auf dem Höhepunkt des Koreakrieges von einem Armeephotographen entdeckt wurde. Miss Flammenwerfer – man wird an Marinettis Substantivkombinationen erinnert: Flammen-Frauen, Blitz-Wagen, Motor-Herz – verdiente einhundertfünfzig Dollar in der Woche und wurde zu dem am häufigsten angenagelten Pin-up der Zeit. Die Anziehungskraft Marilyns und ihrer Schwestern beruhte nicht darauf, daß ihre Körper hervorragend photogen gewesen wären, sondern darauf, daß ihre Bilder nicht lebensgroß waren. Marilyns Körper war ständig getrennt von seinen unmittelbaren und natürlichen Dimensionen und schien mit nichts verbunden, zugleich vergrößerbar auf einer Riesenleinwand und zu verkleinern, zu vervielfältigen, zu knicken als Poster, Titelseite, Faltblatt. Daher die Manie der Agenturen, die »realen« Maße der Stars mitzuliefern; Brust-, Taillen- und Hüftumfang ermöglichten erst die richtige Einschätzung des Bildes, so wie der Maßstab der Generalstabskarte unerläßlich ist für ihre Lektüre, für die Interpretation durch den militärischen Betrachter. Die Ärzte der siebten US-Division erklärten Marilyns Körper zu ihrem liebsten Untersuchungsobjekt, und im Leichenschauhaus erhob niemand auf ihn Anspruch. Das erinnert an die Operateure im Ersten Weltkrieg, die mit Skalpell und Kamera die Körper sezieren. »Der Kameramann«, schreibt Benjamin, »dringt tief ins Gewebe der Gegebenheit ein . . . Das (Bild) des Kameramanns (ist) ein vielfach zerstückeltes, dessen Teile sich nach einem neuen Gesetz zusammenfinden.«

Wie die Photos der Aufklärungsflieger, deren Lektüre abhängt von allem, was ein rationalisierter Interpretationsvorgang hergibt, erlaubt die Anwendung von Endoskopie und Scannerograph eine instrumentale Collage und die Sichtbarmachung verborgener Organe, eine ganz und gar obszöne Lektüre der von Krankheit oder Traumata verursachten Zerstörungen. Diese Möglichkeit, Unsichtbares sichtbar zu machen, ein gegebenes Bild ohne Zeitbegrenzung zu untersuchen, einen Sinn zu entdecken, wo auf den ersten Blick nur ein Chaos sinnloser Formen zu herrschen scheint, die Einzelbildanalyse, diese Erleichterung des Sehens, die macht, wie Painlevé sagt, daß der Film von einer wissenschaftlichen Entdeckung ausgeht, verbindet sich mit den Intentionen des Militärs, der die feindliche Landschaft zu deuten, die Zerstörungen in den zumeist getarnten Elementen, Schützengräben, Lagern, Bunkern, zu analysieren versucht, »indem mittels der beobachteten Prozesse die unbekannten Prozesse realisiert werden, die die kinematographische Technik hervortreten zu lassen beliebt«, wie die Filmerin Germaine Dulac sagt.

Die Reklame für den kommerziellen Film hatte das ganz richtig erkannt. Wenn der Star mit dem Beinamen »der Körper«, dessen Bild auf Bomben und Bombern erschienen war, dieser Körper ohne feste Dimensionen, bald auch den Zuschauern stückweise vorgesetzt wurde, so wiederholte sich darin die heterogene Wahrnehmungsweise des militärischen Voyeurs. Bei Jane Russel, Lana Turner und Betty Grable wurde die Aufmerksamkeit auf überdimensionierte Details gelenkt, man nannte sie »die Beine«, »der Blick«, »der Hintern«. Das Bild des Gehäuteten in der alten Anatomie kehrte wieder als das *kinematisch Aufgebrochene*, in dem sich äußere Formen der unmittelbaren Wahrnehmung offenbarten.

Nachdem Griffith sich die futuristische Lektion von *Cabiria* für *Intolerance* zu eigen gemacht hatte – in der Vermengung der Zeitebenen, der Improvisation ohne ausgearbeitetes Drehbuch, einer allgegenwärtigen Montage, die die Handlungen auf zehn Schauplätzen und in vier Jahrhunderten zur Gleichzeitigkeit vereinte, der Mobilisierung der Kamera –, erfuhr er auf dem militärisch-industriellen Schlachtfeld eine neue und »intolerable« Überraschung. Die zivile Kamera, obwohl erst vor kurzem erfunden, nahm sich neben den blendenden Fortschritten des militärischen *tracking shot* prähistorisch aus. Kurz nach Kriegsende, um 1922, war Griffith' große Zeit vorbei.

Abel Gance, ein großer Bewunderer Griffith' und vierzehn Jahre jünger als dieser, hatte ebenfalls während des Ersten Weltkrieges für die Armee gearbeitet. 1917, als es an der Front zu Meutereien kam, drehte er sein *J'accuse*; die Komparserie rekrutierte er aus frontuntauglichen, verwundeten und genesenden Soldaten – unter ihnen auch Blaise Cendrars. Gance' Definition des Kinos ist die der Kriegsmaschine und ihrer fatalen Autonomie: »Magisch, verzaubernd, fähig, den Zuschauern in jedem Sekundenbruchteil dieses unbekannte Gefühl der Allgegenwart in einer vierten Dimension zu vermitteln, in der Raum und Zeit verschwinden . . .«

Krieg ist Kino und Kino ist Krieg, doch Gance erkannte noch nicht, inwiefern dieses Amalgam für das Kino nur vorläufig war. Mit seinen zahlreichen Erfindungen – dem *triple écran* (patentiert am 20. August 1926), dem perspektivischen Ton, der Polyvision, dem Magirama – rannte er der allseitigen Dynamik des Militärs im Grunde nur hinterher, sie waren ein Nebenprodukt von deren visuellen und akustischen Techniken. Der frühzeitige Niedergang in Gance' Werk war das Ergebnis dieses tragischen Wettlaufs; an seinem Ende stand die Gewißheit, daß ein Einholen materiell unmöglich geworden war, die Niederlage der zivilen kinematischen Macht, die »nicht in der Lage war, ihre Atombombe zu entdecken«, schrieb Gance am 5. August 1972 an den Kulturminister Jacques Duhamel. Demnach wäre das Kino nur ein degenerierter Sprößling, ein armer Verwandter der militärisch-industriellen Gesellschaft, und was einmal als Avantgarde der Kinematik erschien, der *Kunstfilm*, an sich selbst zugrundegegangen.

1905 hatte Einstein seine spezielle Relativitätstheorie formuliert und zehn Jahre später, mitten im Ersten Weltkrieg, die allgemeine. Giuseppe Peano, Hausdorf, von Koch lieferten ihre Beiträge zur mathematischen Logistik und zur Ideographie; Kurt Gödel bewies mathematisch die Existenz eines Objekts, ohne daß es hergestellt werden mußte; das war der existentielle Beweis, der mit von Neumann und der berühmten Spieltheorie zur Basis der gegenwärtigen Nuklearstrategie wurde. In der Ableitung von Figuren und Figurationen der physischen Realität gelangte die wissenschaftliche Theorie, auf die sich die militärischen Leistungen stützten, innerhalb eines halben Jahrhunderts selbst zu den surrealistischen Gipfeln eines kinematischen Unbekannten, der vollständigen Zerstörung der alten Wahrnehmungsfelder.

Während man sich in Hollywood nach dem Ersten Weltkrieg im Ersinnen immer ausgefallenerer Kamerabewegungen gefiel, sprach in der Sowjetunion Eisenstein von der »Folge von Explosionen im inneren Verbrennungsmotor«, die den Film vorwärtstreiben. »Für Eisenstein war der Begriff des Zusammenpralls der künstlerische Ausdruck marxistischer Dialektik.«[16] Auch da Veränderungen des Bildformats innerhalb des Einstellungsrahmens, ungewohnte Überblendungen und Iris-Effekte, überraschende Kamerabewegungen, Zeitlupe, Rücklauf, plötzliches Auftauchen von Gegenständen, Figuren, neuen Schauplätzen ohne voraufgehende Erklärung, Massenbewegungen. Die Enthüllung der Tiefe wurde, wie bei Marinetti, wahrhaft

16 Amos Vogel, *Film as a Subversive Art*, London 1974

apokalyptisch, denn sie zielte auf die dynamische Vollendung der Dimensionen der Welt. »Wir wissen als Schaffende selbst«, schrieb Erich Mendelsohn, »wie sehr verschieden die Bewegungskräfte, die Spannungsspiele im Einzelnen sich auswirken.«[17]

Entfernung, Tiefe, dritte Dimension – in den wenigen Kriegsjahren war der Raum zum Operationsfeld, zum Kriegstheater einer dynamischen Offensive geworden, einer großen energetischen Veranstaltung. Und da »der harte Klang ihres Ganges uns zu neuer Klarheit, der metallene Glanz ihres Materials in ein neues Licht treibt« (Mendelsohn), war der Film die Metapher der neuen Geometrie, die den Dingen ein Gesicht gab, eine Fusion/Konfusion der Gattungen, die die künftige erschreckende Transmutation der Arten vorwegnahm. Die Einfallsgeschwindigkeit, im Krieg und für die Kriegsindustrie von entscheidender Bedeutung, wurde nach dem Krieg zum entscheidenden Kriterium für die Herstellung von Kommunikations- und Transportmitteln, die Kommerzialisierung des Luftraums.

Bald entstand eine Massenindustrie, die durch kinematische Beschleunigung auf den Realismus der Welt einwirkte, ein Kino, das auf der psychotropen Verrückung, der Störung der Chronologie beruhte. Dieses neue Kino richtete sich an immer breitere Schichten von Zuschauern, die dem seßhaften Dasein entrissen, zur Auswanderung genötigt, der Mobilmachung unterworfen, zur Proletarisierung in den neuen Industriezentren, zur Revolution bestimmt wurden. Im Krieg sind alle unterwegs, selbst die Toten. Die berühmten Marnetaxis fuhren 1914 die Kämpfer an die Front; danach machten sie damit, daß sie im Auftrag der Familienangehörigen die Leichen der Gefalle-

17 *Das Gesamtschaffen des Architekten*, Berlin 1930

49

nen zurückbrachten, ein Vermögen. Dieses Hin und Her, das jedermann zum Passanten, zum Fremden, zum Entschwundenen machte, verlängerte die Sprachlosigkeit des Krieges in den Frieden hinein. Schrieb Stuart Mill 1848 in seinen berühmten *Grundlagen der Politischen Ökonomie*: »Produzieren ist Bewegen«, so wurde der Film nach dem Ersten Weltkrieg eine mächtige Industrie, weil von nun an Bewegen Produzieren war.[18]

Die Staaten verfügten damals noch über nur verhältnismäßig schwache Überredungsmittel. Die Zeitungen waren eines, aber sie erreichten nur eine begrenzte Zahl von Lesern – die auflagenstärkste, die *Daily Mail*, gerade eine Million. Auch die Wirkung von Versammlungen, deren Zahl nun zunahm, blieb begrenzt; die Stimme der Politiker reichte nur so weit wie die schwachen Megaphone. Ein großes Aufhebens wurde nun von der kinematischen Technik gemacht. Das Ergebnis der intensiven Bilderproduktion im Kriege war ein industrieller Pragmatismus nicht von individuellen Autoren, sondern von organisierten Gruppen, die über beträchtliche technische und finanzielle Mittel verfügten. Aus dem alten Nickelodeon wurden, in Rußland bereits unter Lenin, Staatsbetriebe.

Das rührte zum Teil daher, daß es an Propagandamitteln mangelte, mehr noch aber aus einem historisch günstigen Umstand, dessen Bedeutung man heute nur noch schwer nachvollziehen kann. Nach der Trennung von Kirche und Staat im Frankreich des neunzehnten Jahrhunderts vollzog sich zu Beginn des zwanzigsten in ganz Europa der Zusammenbruch der Monarchien und Reiche von Gottes Gnaden. Mit dem Ersten Weltkrieg verloren in den jungen Militär- und Industriestaaten die Religionen

18 Alain hielt es noch für »Aberglauben, anzunehmen, man könne die Dinge bewegen«.

ihre Sonderstellung. Diese Staaten, im Fall der Sowjetunion auf offene Gewalt begründet, bedurften zu ihrer Legitimation, zur Anerkennung durch die Mehrheit einer neuen Einmütigkeit, die einen Ersatzkult erforderte. Der mystische und szientistische Materialismus des neunzehnten Jahrhunderts verwandelte sich, sobald er an die Macht gelangt war, in einen Wunderglauben an Wissenschaft durch Technik. Der vorgebliche Eintritt der Vernunft in die Geschichte verkehrte sich in den eines kultischen Plunders, eines technophilen Synkretismus, die Instituierung einer peripheren Dämonologie samt eigenen Inquisitionen, deren bekanntester Aspekt der Personenkult ist.

Schon um die Mitte des neunzehnten Jahrhunderts hatten neueste wissenschaftliche Entdeckungen und ihre technische Anwendung in Amerika und England ein Wiederaufleben des Mesmerismus und der Theorien Swedenborgs zur Folge. Im Illuminismus wurde der Geist – Gott, das Ewige – als magnetisches Fluidum, als elektrisches Phänomen, als kinetische Aufheizung verstanden. In Hydesville wurden erstmals 1845 im Haus der Geschwister Fox Klopfgeister vernommen. In den Vereinigten Staaten breitete sich eine aufs Jenseits gerichtete Bewegung aus. Mystische Séancen, automatische Diktate, mediale Kommunikation und Hypnose dienten einzelnen und ganzen Gruppen als Mittel dazu, »ohne große Anstrengung in vergangene Zeiten zurückzukehren und den Raum hinter sich zu lassen«, wie um 1900 der Oberst de Rochas, Administrator am Pariser Polytechnikum, schrieb. In Amerika widersetzte sich selbst die katholische Kirche nicht unbedingt diesen Praktiken; schließlich handelte es sich hier, nach dem vorläufigen Niedergang der großen Religionen und ihrer Entmachtung im Staat, um die Suche nach neuen Jenseitsvektoren.

Gleichzeitig drang die Photographie überall ein, in alle

Milieus, selbst durch Klostermauern, wie in Lisieux, wo gegen Ende des Jahrhunderts das photographische Objektiv die Zurückgezogenheit der Thérèse Martin störte, der späteren Heiligen. In diese Zeit fiel auch die Polemik um die Wiederentdeckung des Turiner Schweißtuchs der Veronica, des »ersten photographischen Phänomens der Geschichte«, einer echten »Offenbarung« der photographischen Technik als Mittel der Idolatrie.[19] In diesem Klima florierte bald schon die sogenannte Geisterindustrie, die sich neben dem menschlichen des photographischen Mediums bediente. Wenn, den Illuministen zufolge, Geister Phänomene der elektrischen Energie waren, weshalb sollten sie nicht photographierbar, »photogen« sein? Nach dem Krieg von 1870/71 stellte Leymarie, der Herausgeber der *Revue Spirite*, assistiert von dem Photographen Buguet, Geisteraufnahmen her, indem er die überbelichteten Aufnahmen von Geistern, die dem gewöhnlichen Sterblichen angeblich im Augenblick des Eintritts in die Dunkelkammer erschienen waren, über die Bilder von »lebenden und wirklichen« Personen kopierte. Leymarie wurde wegen Betrugs zu einem Jahr Gefängnis und fünfhundert Francs Geldstrafe verurteilt. Sofern sie nicht durch Belichtungseffekte, denen geschickte Retuschen nachhalfen, beschworen wurden, waren diese »Geister« hübsche junge Modelle in präraffaelitischen Gewändern. In einer Zeit mit hohen Sterblichkeitsraten knüpften sich

19 Walter Benjamin erkannte früh, welchen Platz der Film in dieser mystisch-szientistischen Verbindung einnehmen kann. Er erinnert auch daran, daß vielen, vor allem in Deutschland, die Photographie als »französische Teufelskunst« erschien und zitiert: »Flüchtige Spiegelbilder festhalten zu wollen« sei »nicht bloß ein Ding der Unmöglichkeit, wie sich nach gründlicher deutscher Untersuchung herausgestellt hat, sondern . . . eine Gotteslästerung«. »Das Phänomen der Photographie«, schreibt Benjamin, war den Modellen noch »ein großes, geheimnisvolles Erlebnis« (*Kleine Geschichte der Photographie*) – mit einem Schatten und einem Licht, wie Jarry bemerkt, »die einander nur schwer durchdringen«.

für den Käufer solcher Erscheinungen oft unerfüllbare Erwartungen an das Bild.

Da Kriege und Epidemien vor allem die Jahrgänge der Fünfzehn- bis Fünfunddreißigjährigen dezimierten, hatte die Geisterindustrie einen bedeutenden Einfluß auf das künstlerische Vokabular und die Technik des Kinos. Das läßt sich vor allem beim frühen deutschen Film beobachten, der erst im Verlauf des Ersten Weltkriegs zu einer künstlerischen Macht wurde. Er setzte der Krise der natürlichen Dimensionen, die durch die Futuristen offenbar wurde, übernatürliche Dimensionen entgegen. Schon Oskar Meßter hatte mit Hilfe von zwei gleichzeitig laufenden Projektoren Doppelbelichtungen versucht. Einer der ersten wichtigen deutschen Filme war *Der Student von Prag* von Stellan Rye, der 1914 in Frankreich fiel.[20] Es ist die hellseherische Geschichte eines Studenten, der einem Zauberer sein Spiegelbild verkauft; dieses beginnt an seiner Stelle zu handeln, bringt ihn in Unehre und zwingt ihn, sich seiner Haut zu wehren, bis er, um sich des lästigen Doppelgängers zu entledigen, auf diesen schießt und damit sich selbst tötet. »Es ist vielleicht der erste Film«, schreibt Noël Simsolo, »der vom Kino handelt. Jemandem wird sein Bild gestohlen, ein kadriertes Bild wie das des Films ... Ist der Schauspieler verantwortlich für die Taten, die sein Bild, dem Wunsch eines anderen, des Regisseurs, des Zauberers folgend, begeht?«[21]

Beim Film war es vorbei mit dem treuen Spiegelbild. »Hier ist alles aufs Bild gestellt«, erklärte Wegener 1916,

---

20 Lotte Eisner, *L'écran démoniaque*, Paris 1981 (deutsch *Die dämonische Leinwand*, Wiesbaden-Biebrich 1955); Noël Simsolo, *Le cinéma allemand sous Guillaume II*, in *La revue du cinéma*, Paris 1982

21 Simsolo erinnert auch daran, daß die beiden Drehbuchautoren des Films, Hanns-Heinz Ewers und der große Schauspieler Paul Wegener, später an NS-Propagandafilmen mitwirkten.

»auf ein Ineinanderfließen einer Phantasiewelt vergangener Jahrhunderte mit gegenwärtigem Leben.« Neben der sinnlichen, der sichtbaren Ordnung tat sich das Chaos einer unsinnlichen Ordnung neuer Geister- und Wahnsinnsbilder auf, sie wurden gestohlen und retuschiert, fremde Handlungen ihnen unterstellt, sie konnten gefangen und verkauft werden, als Gegenstand eines lukrativen Geschäfts mit der Erscheinung – dabei selbst mit hypnotischen Kräften begabt – und schließlich projiziert in alle Richtungen von Raum und Zeit. »Ich kann schon nicht mehr denken, was ich will«, bemerkt Duhamel um 1930. »Die beweglichen Bilder haben sich an den Platz meiner Gedanken gesetzt.« Kino ist Krieg, weil, wie Gustave Le Bon 1916 schreibt, »der Krieg nicht nur das materielle Leben der Völker erfaßt, sondern auch ihr Denken ... Und hier kommt man wieder auf die grundsätzliche Vorstellung, daß die Welt nicht vom Rationalen gelenkt wird, sondern von Kräften affektiven, mystischen oder kollektiven Ursprungs, die die Menschen führen, den mitreißenden Suggestionen dieser mystischen Formeln, die um so mächtiger sind, als sie sehr vage bleiben ... Die immateriellen Kräfte sind die wahren Lenker der Kämpfe.«

In den Anfängen des Films hatten die Schauspieler in Amerika keine Namen, nicht einmal Vornamen, bis die Presse 1910 mit der Nachricht vom Tode des Biograph-Girls das Ende der Anonymität herbeiführte. Die junge Frau wurde jetzt identifiziert, sie hieß Florence Lawrence und war wunderbarerweise wohlauf. Die Meldung von ihrem Tode sollte – ähnlich den hier früher erwähnten Horroraktionen der Terroristen – der Publicity dienen. Erst nach 1914 und mit dem neuen Industriekino begann der Siegeszug des Starsystems. Von nun an vermischte sich die optische Illusion nicht mehr nur mit der Illusion des Lebens, sondern auch mit der des Überlebens.

»Ihr, die Ihr eintretet in die Hölle der Bilder,
lasset alle Hoffnung fahren!«

Abel Gance

In der letzten Fassung von *J'accuse*, von Abel Gance, erheben sich vor dem Hintergrund des angestrahlten Beinhauses von Douaumont die toten Soldaten und wandeln, schauerlichen Hologrammen ähnlich, zwischen den Lebenden. Während das alte Europa sich nach 1918 mit Denkmälern zur Ehre seiner Millionen Toten bedeckte, mit unzerstörbaren Zenotaphen und Mausoleen wie eben Douaumont, errichteten die Amerikaner, die nur wenige Menschenopfer zu beklagen hatten, ihre gewaltigen Kinopaläste, entweihten Heiligtümern gleich, in denen den Zuschauer eine Atmosphäre von Schwarzer Messe umfing, der, wie Paul Morand schreibt, »Profanierung von allem und jedem«, der »totalen Vision des Weltendes«. Mehrere Untersuchungen sind in jüngster Zeit diesen Kinopalästen gewidmet worden, deren weltweite Ausbreitung nach dem Ersten Weltkrieg und schnelles Verschwinden in den fünfziger Jahren ihre historische Bedingtheit durch die Zeit der Weltkriege belegt, die im Grunde ja einen einzigen bildeten, unterbrochen nur durch einen zwanzigjährigen Waffenstillstand.

Die Bauten, von denen heute kaum mehr übriggeblieben ist als Photographien[1], wirken weniger irreal, wenn man sie mit den Kaufhäusern zusammensieht, die hundert Jahre zuvor in den westlichen Großstädten aus dem Boden schossen und beim Publikum großen Anklang fanden. Das architektonische Vokabular der späteren Kinokathedra-

---

1 Francis Lacloche, *Architectures de cinémas*, Paris 1981

55

len fand sich da bereits voll ausgebildet, das Stilgemisch, riesige Haupthallen, lange Verbindungsbrücken, eine überdimensionierte zentrale Treppe, wichtig vor allem aber die technische Ausstattung, Elektrizität, Klimaanlage, Aufzüge. Die einfache Marktlogik zählte nicht mehr. Seit Erfindung des Marketing äußerte sich die Gesamtheit des Warensystems der jungen Industriezivilisation in immateriellen Wahrnehmungsfeldern. Als Aristide Boucicaut nach Weihnachten feststellte, daß sein Kaufhaus ohne Kunden war und es draußen schneite, erfand er den »mois du blanc«, den weißen Monat. Die Idee, mit großem Aufwand lanciert, hatte sofort Erfolg; die Käufer strömten, trotz schlechten Wetters, nur weil Boucicaut die Ware in den Rang einer der »einfachen Ideen und Substanzen« erhoben hatte, deren Namen, schreibt Locke, »auf eine gewisse reale Existenz hinweisen, von der ihr ursprüngliches Muster abgeleitet wurde«. Bis vor wenigen Jahren brachten manche Frauen einen großen Teil ihrer Zeit in diesen Bauwerken zu, wie andere in Bahnhöfen oder Non-Stop-Kinos. Diese traten die Nachfolge sowohl der Kaufhäuser als auch der Varieté-Theater an. Taine hatte für sein Jahrhundert konstatiert, daß der Europäer sich in Bewegung setzte, um sich Waren *anzuschauen* – im Kino nun gab es bloße Ansichten zu kaufen. Das Kino wurde zum bevorzugten Ort des Handels mit Entmaterialisierung, ein neuer Markt, eine neue Industrie, die statt Materie Licht produzierte. Das Tageslicht, das in den alten Bauten durch riesige Dächer fiel, zog sich nun zusammen in der Leinwand.

»Death is just a big show in itself«, erklärte der Erfinder der ersten Kinokathedrale, Samuel Lionel Rothafel.[2] Die

2 Eigtl. Rothapfel, Spitzname Roxy. Er überredete den Besitzer der Alhambra Music Hall in Milwaukee, diese in ein Kino umzuwandeln. Der Erfolg war groß, und Roxy konnte daraufhin in New York die ersten großen Kinos, das Regent, das Rialto, das Capitol und – 1927 – das Roxy eröffnen. Dieses kostete zwölf Millionen

Effekte der Lichtgeschwindigkeit schufen in diesen Tempeln eine neue Form von kollektiver Erinnerung, eine astronomische Introversion ähnlich der von Evry Schatzmann beschriebenen: »Wenn man den Umstand in Betracht zieht, daß Beobachtung mittels Licht geschieht und sich dieses mit einer bestimmten Geschwindigkeit ausbreitet, so ergibt sich, daß man Gegenstände in einer um so weiter zurückliegenden Vergangenheit beobachtet, je weiter sie im Raum entfernt sind.«

Es gibt eine kinematische Heroisierung, bei der »die tragische Poesie der Ubiquität und der allgegenwärtigen Geschwindigkeit« den mythischen Chronos der antiken Autochthonie erneuert, diese ewige Gegenwart der »*Söhne des Vaterlands,* für die die Zeit unentwegt sich aufhebt in der unwiderruflichen Rückkehr des Endes zum Ursprung«.[3]

»Seit Gründung des Staates Israel im Mai 1948«, wissen wir von Isser Harel, dem Chef des Mossad, »gehörte zu den wichtigsten Aufgaben des israelischen Geheimdienstes die Fahndung nach Eichmann . . . Sie war um so dringlicher, als bei den Nürnberger Prozessen aus Gründen der Außenpolitik sorgfältig vermieden worden war, von einem Genozid an den Juden zu sprechen. Franzosen, Polen, Ungarn usw. waren in den Lagern vernichtet worden; nie wurde gesagt, daß es sich dabei in der Mehrzahl um Juden han-

---

Dollar und hatte 6200 Plätze. Es wurde von Gloria Swanson eingeweiht und 1960 abgerissen, »nach einer letzten Hommage an den Star, die selber auf dem Niveau von *Sunset Boulevard* war, begleitet vom apokalyptischen Lärm der Bagger« (Lacloche). Rothapfel war deutscher Herkunft, Sohn eines Schuhmachers und ehemaliger Marinesoldat. In Deutschland waren riesige Kinopaläste gebaut worden, ehe man in den anderen europäischen Ländern und in Amerika daran dachte. Viele dieser Paläste, die vor 1914 entstanden waren, wurden im Zweiten Weltkrieg zerstört. Die Architektur der deutschen Kinos der dreißiger Jahre war entschieden modern; die Berliner Lichtburg war, wie der Name sagt, eine strahlende Festung, eine Camera obscura, die die Stadt mit ihren starken Scheinwerfern erleuchtete.

3 Vgl. Nicole Loraux, *L'autochtonie athénienne, le mythe dans l'espace civique*, in *Annales*, Januar/Februar 1979, Paris

delte . . . Später wurde dann, namentlich seit dem Professor Faurisson und seinen Schülern, selbst die Tatsache des Holocausts geleugnet . . .« Die neue Autochthonie des jüdischen Volkes beruhte auf der Erinnerung der Lebenden an die sechs Millionen Ermordeten; sie mußten wieder in Erscheinung gebracht werden. In Eichmann wurde weniger der Henker als vielmehr der Buchhalter des Holocaust gesucht, der Beamte, der »den richtigen Namen der Opfer aufgerufen« hatte. Sie zu verleugnen, wie in Nürnberg, bedeutete einen gezielteren Angriff auf die Existenz des Staates Israel als die militärische Verletzung seiner Grenzen.

Die Anhänger Faurissons haben die Praxis der Fehlinformation erneuert, wie sie die Nazis vor vierzig Jahren eingeführt hatten. Wie Walter Laqueur[4] gezeigt hat, waren die Juden Opfer der Informationsimplosion, die sie daran hinderte, zu verstehen, was ihnen widerfuhr; sie waren die ersten, die nicht an ihre Ausrottung glaubten. Goebbels war, wie bei Harlan nachzulesen ist, ein Meister der Fehlinformation; er ließ widersprüchliche Gerüchte verbreiten, darunter auch solche von der Ausrottung der Juden, dabei sollte die Fragwürdigkeit der Quellen, photographischer Dokumente etwa, der zutreffenden Information entgegenwirken. Eine »Kolonisierung des Ostens« wurde vorgespiegelt; Artikel und Filmaufnahmen beschrieben die Juden als neue Siedler. Noch 1942, als schon zwei Millionen von ihnen umgebracht worden waren, fand die jüdische Presse in Palästina Gründe, sich über das Schicksal landwirtschaftlicher Unterrichtszentren in Polen und anderswo zu beruhigen, indem sie »Zeichen interpretierte, die längst keinen Sinn mehr hatten«, und zu-

---

4 *Le terrifiant secret, la solution finale et l'information étouffée*, Paris. Vgl. auch G. H. Rabinovich, *Le chêne de Buchenwald*, in *Traces*, Nr. 3, Paris

treffende Informationen verwarf, weil sie zu schrecklich klangen.[5]

Die heimliche Bannung, die unterschwellige Lähmung, die psychische Anästhesie der Opfer, die den Juden die Fähigkeit nahm, der grauenhaften Wahrheit ins Auge zu sehen, war dabei keine Spezialität der Nazis; sie gehörte zu einer uralten militärischen Äußerungsweise, die von der Feststellung ausgeht, daß »der Mensch nur ein bestimmtes Maß an Grauen aufzunehmen vermag«. Fünfundzwanzig Jahre vor der Ausrottung der Juden hatte der Militärtheoretiker Charles Ardant du Picq dies bei den Soldaten des Ersten Weltkriegs festgestellt, in den Reaktionen auf ihre Dezimierung. »Das erste Opfer eines Krieges ist immer die Wahrheit«, wußte schon Kipling. Heute könnte man sagen: das erste Opfer des Krieges ist das Konzept von Realität.

Stets spielt bei der Gründung oder Wiederherstellung von Militärstaaten der Umgang mit den Toten eine bedeutende Rolle. »Für den Kriegsmann«, hat Napoleon III. behauptet, »ist Erinnerung die Wissenschaft selbst«, aber nicht eine kollektive Erinnerung, wie bei einer auf gemeinsamer Erfahrung beruhenden Volkskultur, sondern ein Parallelgedächtnis, eine Paramnesie, d. h. eine irrige Lokalisierung in Zeit und Raum, die Illusion des *déjà vu*. Der Urzustand des Staates ist oniristisch, eine dem Traum verwandte visuelle Halluzination. »Große Soldaten sterben nicht, sie schwinden dahin«, sagte der General Mac-

---

5 Goebbels war vom Thema der manipulierten Gerüchte so fasziniert, daß er es zum Gegenstand eines Films machen wollte. Der kam nicht zustande, aber der Minister überschwemmte Presse, Rundfunk und Film bis zum Schluß mit dramaturgisch dosierten Informationen, in denen der Belegcharakter photographischer Dokumente als technischer Träger von falschen Nachrichten diente. Die Methode war nicht neu, aber die Nazis bauten sie perfekt in ihre militärische Strategie ein, zum Beispiel während des Frankreichfeldzugs 1940, als sie dadurch die große Fluchtbewegung auslösten.

Arthur. Das ist ein alter Glaube. Schon Sparta, die erste Militärdemokratie, gründete sich auf, wie man gesagt hat, »nichtorganische Individualitäten«, eine subtile Sinnverschiebung zwischen *Geburt* und *Reproduktion*, die aus den Spartanern eher *Gleiche* als *Gleichartige* machte.[6] Die Hebräer sahen im Stadtstaat eine »Verkleidung der Geburt«, einen »auf lebendig geschminkten Totenacker«. In Athen erstand jedem getöteten Krieger ein Double – das ist das *l'art pour l'art* des Sterbens im Krieg; die Anrufung des Todes genügt sich selbst; glücklich, wer aus der Erde geboren wird, glücklich, wer in sie zurückkehrt. Die antike Stadt setzte ein mit der Zusammenlegung der Verstorbenen, die bis dahin zerstreut unter Steinen in ihren Wohnstätten beigesetzt worden waren und nun in den großen Nekropolen am Stadtrand, wie dem *démosion sèma* auf Athens Kerameikos, vereint wurden. Da das Zusammensein mit den Helden nun umständlich wurde, stellte Hermes Psychopompos die Verbindung her und gab dem Staat seine natürlichen Beschützer zurück – Hermes, der Gott der *herme*, des großen Steins, im besonderen des Grabmals, der Camera obscura, der »attischen Stele, die uns den Toten selbst in einem lebendigen Bild erscheinen läßt«.

Das Gefühl, das die um einen Grabstein Versammelten erfüllt, das Licht, das sie dort entzünden, die Verehrung der Helden, das sind fast universelle Empfindungen und Bräuche, asiatische wie auch nordische. 1979 wollte der Ajatollah Chomeini die islamische Republik in der riesigen Nekropolis im Süden Teherans ausrufen, wo die Opfer der Zusammenstöße, um die die Stadt im voraufgegangenen Jahr getrauert hatte, beigesetzt waren. Bei den Trauerfeiern der IRA kleiden sich nicht nur die Witwen und

6 Vgl. Nicole Loraux, *Les enfants d'Athéna*, Paris 1981

Mütter in Schwarz, sondern die Kämpfer selbst unter ihren Kapuzen. Die Helden verlieren ihre realen Züge, entziehen sich der sinnlichen Erinnerung ihrer Angehörigen, gegenwärtig und doch unerkannt – wie die Schar der achtzehn Milliarden Toten und Lebenden, die die amerikanischen Mormonen, die Kirche Christi der Letzten Tage, zu zählen ausgezogen sind, um sie zu taufen. Zu diesem Zweck sammeln sie rund um die Welt die Personalien auf Mikrofilm und speichern sie für die Ewigkeit in einem atomsicheren Bunker über zweihundert Meter tief in den Rocky Mountains – eine Totenstadt, in der der Film an die Stelle der Leichname getreten ist.

Im Mai 1981, bei der Geburt des neuen sozialistischen französischen Staates, bestand eine der ersten Handlungen von Präsident Mitterrand in einer ikonisch zwiespältigen Zeremonie. Absichtsvoll wandte er der wartenden Menge von Parisern den Rücken, um für die Millionen Fernsehzuschauer zum Film zu werden. In der Rolle des antiken Psychopompos konnte man ihn, eine Rose in der Hand, durch die Gänge des Panthéon wandeln sehen, an den sorgfältig versteckten Kameras vorbei, vom Grab Jean Jaurès' zu dem Jean Moulins – der Bildschirm wurde zur Leinwand fürs Jenseits. Wenn Mendès-France erklärt hatte, die Geschichte verlaufe nicht chronologisch, so erinnerte Mitterrand daran, daß die Techniken der Kommunikation nicht unbedingt neu sind, sondern alt und rückwärtsgewandt sein können.

Abel Gance täuschte sich nicht, als er 1927, während der Arbeit an seinem *Napoleon*, schrieb: »Alle Legenden, alle Mythologien, alle Religionsstifter, ja, alle Religionen ... warten auf ihre belichtete Auferstehung, und die Heroen drängen sich an den Pforten.« Und weiter: »Da sind wir denn, infolge einer höchst merkwürdigen Rückkehr ins Dagewesene, wieder auf der Ausdrucksebene der Ägypter angelangt ... Die Bildersprache ist noch nicht zur Reife gediehen, weil unsere Augen ihr noch nicht gewachsen sind. Noch gibt es nicht genug Achtung, noch nicht genug Kult für das, was sich in ihr ausspricht.«

Als Gance dies über die Hieroglyphen schrieb, war gerade im Tal der Könige die Grabstätte des Tutanchamun entdeckt worden. Die Grabungen und die Entdeckung verdankten ihre ungeheure Publizität vor allem dem amerikanischen Photoreporter Burton, der darüber in allen Einzelheiten berichtete. Der Einfluß des »ägyptischen Stils« aufs Kino ist bekannt, auf das Mobiliar, die Ausstattung, die Architektur der Theater, aber auch auf die photogenen Qualitäten von Schauspielern wie Rudolph Valentino, der ein wahrer Doppelgänger des jungen Pharao war. Darüber hinaus erinnerten die unschätzbaren Grabfunde daran, daß alle Kunst wie der Tod ist, ein Verharren im Augenblick, ein Tempowechsel in der Ordnung der gelebten Zeit. Wenn die Ägypter »schon lebten, als müßten sie morgen sterben, und bauten, als würden sie ewig leben«, so weil ihnen, wie Cleopatra bei der Gründung der »Gesellschaft der *Anime tobioi*«, bewußt war, daß alles vergänglich ist und sie daher unnachahmliche Tage lebten. Die Luminosität der Impressionisten entsprach, wie Agnès Varda sagt, einer bestimmten Glücksvorstellung, weil sie die letzten waren, die ihrer Malerei die Intensität des Augenblicks mitteilten. Die Solarität war Ausdruck der Zeit, Reaktion auf die Ateliermalerei mit ihrer steifen künstlichen Beleuchtung. Bald darauf wurde der Niedergang der alten pikturalen Kunst beschleunigt durch den kinematischen Motor, die späte Wiederbelebung des Sonnenkults – wenn Gance erklärte, Film bestehe darin, »eine Sonne in jedes Bild zu setzen«, so wiederholte er damit nur nach dreitausend Jahren das Lied Echnatons: »Die Sonne schafft Millionen von Erscheinungen.«

Alles in dieser Sonnenwelt war der Geschwindigkeit geweiht. Selbst die Gräber enthielten Instrumente der Dromologie, technische Fahrzeuge, Wagen, Schiffe; der tote Herrscher wurde dargestellt mit den Symbolen von Peitsche und Zügel vor der Brust. Das Jenseits unterbrach die Tage des Pharao nicht. Wenn nach dem Weggang der Seele – dessen, was bewegt, der *anima* – der Körper unbeweglich war, sorgte die Kunst dafür, nicht daß man ihn weiter in Bewegung sah, sondern daß für ihn alles weiter sich bewegte. Der ägyptische »Realismus« war seinem Wesen nach ein Drang nach Bewegung. Seine Grabstätte einzurichten, wurde für deren künftigen Bewohner zu einem dromoskopischen Vergnügen (wie erst unlängst wieder bei der reichen Amerikanerin, die sich in ihrem Cadillac beisetzen ließ), dem Vergnügen, »bei offenem Grab zu fahren«. Der künftige Passagier wendete beachtliche materielle und technische Mittel auf – wie bei der Vorbereitung eines Eroberungsfeldzuges in ferne Länder oder einer Expedition mit unbekanntem Ziel.

Die bildliche Darstellung war selbst eine dromoskopische Kurzfassung, ihr Konstruktionsvorgang systematisch: autonome Episoden wurden nebeneinandergesetzt; das übliche »zwei + eins« wurde als ein Rhythmus verstanden, der der menschlichen Retina aufgedrängt wurde. Die Animation, sagten die Ägypter, wird bewirkt von der Vitalität des Lichts, was zeigt, in welchem Maß sie bereits das anatomische Problem der Wahrnehmung und der Herstellung der Erscheinung – nicht als Gegebenheit, sondern als aktive Verrichtung des Geistes – erfaßten; das sollten Maler, wie Seurat mit dem Divisionismus und Kandinsky, wiederentdecken, oder Filmer wie Gance, der erklärte, daß man »zuerst zu den Augen sprechen« müsse. Die Ägypter kannten die Symmetrie nicht, nur Entsprechungen; ihre Mauern sind Bilderwände, von unten nach oben bemalte Kalkbänder, auf denen Figuren »in Aktion« vorbeiziehen. Der Unterschied zur Chronophotographie, wie Marey sie definierte, ist nicht groß: »Aufeinanderfolgende Bilder, die die verschiedenen Positionen wiedergeben, die ein lebendes Wesen, das sich mit einer beliebigen Geschwindigkeit bewegt, zu einer gegebenen Zeit im Raum eingenommen hat.«

Diese Bewegung, eine Bewegung des Rückzugs, führt unvermittelt in die ethnologische Beispielsammlung. Während der moderne Träumer, wie Jean Duvignaud feststellt,[7] seine Träume verdrängt und verleugnet, werden in den primitiven Gesellschaften Traum und Träumerei als wichtige Aktivitäten gepflegt und sind unbedingt aussprechbar. »Kabary« machen, sagen die madegassischen Hirten am Fuß der Mandraka. »Rökut pit«, schlafabwesend, nennen die Jörai im indochinesischen Hochland einen, der eingeschlafen ist, »rökut« ist aber auch der, der nicht zu Hause, der physisch unterwegs ist. Wenn der Jörai, wie tot auf seiner Matte ausgestreckt, träumt, dann ist der »böngat« spazierengegangen, und seine Wanderung bringt dem bewegungslosen Jörai die Bilder eines Traumes und dann einer Geschichte, die nicht im geographischen Raum und der astronomischen Zeit anzusiedeln ist.

Diese Verfahrensweisen, wie gesagt, sind fast universell. Als die Renaissance durch die Erfindung des Buchdrucks in Europa die Revolution der stillen Lektüre auslöste, geschah die Paramnesie des – oft auch religiösen – Traumberichts[8] nicht mehr vor der Versammlung, durch Sprach-

---

7 Jean Duvignaud, Françoise Duvignaud, Jean-Pierre Corbeau, *La banque des rêves*, Paris 1979; Jacques Dourne, *Forêt, Femme, Folie*, Paris 1978. In *La terre et les rêveries de la volonté* bemerkt Bachelard, der Traum erkläre sich durch den Traum, die Kette der Traumbilder könne einer Verkettung im Wachzustand entsprechen.

8 Hierher gehört auch, daß in den Anfängen der Romanliteratur die Helden zunächst immer auf Reisen sind, unterwegs in einem unbegrenzten Universum.

austausch, sondern durch industrielle Reproduktion, Normierung. In ein paar Jahrzehnten erschienen Millionen von Büchern, ein Vorspiel zur späteren Ausbreitung der Photographie, des Films und heute der Elektronik. Das Neue an der stillen Lektüre war, daß jeder für wahr hält, was geschrieben steht, weil er im Augenblick des Lesens die Illusion hat, der einzige zu sein, der es sieht, ebenso wie der bewegungslos Träumende Wachen und Wachtraum gleichsetzt. Zwischen dem Augenblick des Geschriebenen und der Augenblicklichkeit der Photographie gibt es viele Ähnlichkeiten, beide beziehen sich weniger auf die vergehende als auf die exponierte Zeit. Schon der Buchdruck richtete sich ein neues technisches Interface ein: das Kommunikationsmittel hält das Unmittelbare fest, es verlangsamt, um es in einer Exponierungszeit festzuhalten, die nicht der alltäglichen Dauer, dem gesellschaftlichen Kalender unterliegt, wodurch eine Kluft entsteht zwischen dem Übertragungsmittel und unserer Fähigkeit, die gegenwärtige Existenz anzunehmen. Wenn man zwei Kindern gemeinsam ein neues Buch gibt, ist dem, der es erst nach dem anderen lesen kann, das Vergnügen verdorben. Ebenso geht es dem Zeitungsleser in der U-Bahn, wenn sein Nachbar über die Schulter mitliest; obwohl Zehntausende im selben Augenblick dasselbe lesen, nervt ihn die Vorstellung, seine Lektüre mit jemandem teilen zu müssen. Die Geschichte, ihre Lektüre ist nicht, wie für Robespierre – Benjamin zufolge – das antike Rom, eine »mit Jetztzeit geladene Vergangenheit«, sondern – eben durch ihre mediale Übermittlung – ein Gang durch eine leere und bald schon heterogene Zeit.

Daß die Lektüre der Zeichen in hohem Maße mit einem Wissen, mit Wissen schlechthin gleichgesetzt wurde, hat den Imperialismus der vierten Großmacht ermöglicht, der Presse und der Kommunikationsmittel, die an der atypischen Dauer der Übertragungstechniken teilhaben. Wenn die Presse von ihrer Objektivität redet, kann sie ihren Wahrheitsanspruch leicht glaubwürdig machen: die Zeitung ist dem Buch dadurch überlegen, daß sie keinen Autor hat, so daß der Leser sie sich aneignen kann als eine Wahrheit, die er allein erkennt, sich als wahr aneignen kann, weil er seinen Augen traut. Darin liegt der Grund dafür, daß die Journalisten und ihr anonymer Stil eine so ungeheure Macht in allen publizistischen Bereichen, aber auch in der Politik, an den Kreuzwegen der Medien, haben erlangen können. Dagegen ist seit dem Ersten Weltkrieg die Meinungspresse mit ihren Polemikern und Schriftsteller-Reportern verschwunden, den Dumas, London oder Kipling, für die der Roman, nach Stendhal, wirklich ein Spiegel war, der auf der Landstraße promeniert.

Nach und nach haben die Mittel der Fernkommunikation den Platz der *anima* eingenommen, und der Motor – der Projektor, der zugleich Geschwindigkeit erzeugt und Bilder verbreitet – erzählt die Reise und liefert die Traumbilder; wie das Automobil, das macht, »daß der Kopf des Reisenden platzt von den Bilderstücken, die vergeblich zusammenzukommen versuchen, die sich in ihm ansammeln« (Octave Mirbeau, *La 628-E-8*, 1905), lösen die Schwellen dynamischer Transformation eine Zerstreuung der visuellen Strukturen aus. Über *Oktober* von Eisenstein und Aleksandrow, aus dem Jahre 1927, ist geschrieben worden: »Die dem Film innewohnende Spannung, der innere Strom der Montage hat so starke Störungen zur Folge, daß keine logische Zuschreibung mehr haltbar scheint . . . Ohne zeiträumliche Verankerung wird die Lesbarkeit der Figuren in Frage gestellt durch die Menge der Einstellungen, die so zahlreich sind, daß man sich ihrer unmöglich erinnert.«[9]

9 Michèle Lagny, Marie-Claire Ropars, Pierre Sorlin, *La révolution figurée*, Paris 1979

Die generalisierte technologische Mischung bewirkt tatsächlich, daß wir, wie der auf seiner Matte ausgestreckte ethnologische Träumer, fortfahren können, uns zu bewegen, weshalb sie auch leicht als Ersatzreligion oder -kult erscheinen kann – eine These, die J. J. Servan-Schreiber kürzlich unbewußt vertreten hat: *Die neue Herausforderung* ist mehr ein Glaubensbekenntnis, eine Pascalsche Wette als eine auch nur im entferntesten vernünftige Perspektive. Die Frage ist berechtigt, was das für ein soziales Heil sein kann, das auf fortgeschrittenen Techniken beruht, die jeder Wahrscheinlichkeit beraubt sind, auf einem immateriellen logistischen Pantheismus. Die Expositionszeit der stillen Lektüre verschwindet im anatomischen Auge der Kamera, was in den hochentwickelten Ländern eine ungeheure Welle des Analphabetismus auslöst. Die elektronischen Spiele führen zurück zur alten heimlichen Bannung; es kommt nun weniger darauf an zu verstehen als zu sehen. Auffallend auch, daß das Interesse des Massenpublikums sich vom Mannschaftssport, Radrennen, Fußball usw. ab- und Sportarten wie dem Tennis zuwendet – in der Direktübertragung gleichen die Matchs, in denen es stundenlang nur um die unberechenbaren Aufschläge des kleinen Balles geht, dem elektronischen Spiel, dessen Benutzer synthetische Figuren bewegen, die mit nichts mehr Ähnlichkeit haben.

Wie die Glasfenster der Kathedralen, von denen Paul Claudel sagte: »Alle diese Farben beieinander, diese verschiedenen Punkte, alles das ist nie unbeweglich.« Guillaume Durand schrieb im dreizehnten Jahrhundert über die Glasfenster von Chartres, damals eine technische Neuerung: »Die Fenster sind Schriften Gottes, die die Klarheit der wahren Sonne ausschütten, das heißt, die Gottes in der Kirche, das heißt, in die Herzen der Menschen, die sie erleuchten.« Alles Sichtbare erscheint uns im

Licht, wir glauben unseren Augen, und das Licht erscheint uns unterschiedslos wie die Wahrheit der Welt. Die großen Kinosäle waren den Kathedralen vergleichbar, weil schon die Kathedralen Sonnenprojektionsräume waren, die vom Licht ebenso überwältigend durchdrungen wurden wie die Kinosäle. Und in ähnlicher Weise kam es zu ihrem Niedergang, als gegen Ende des siebzehnten Jahrhunderts ein neuer Illuminismus in Erscheinung trat, lange vor der Französischen Revolution, die Aufklärung, die das Vorspiel zum Szientismus des neunzehnten Jahrhunderts bildete. Die Liturgie war von der Antike an ein öffentlicher Dienst; er regelte die logistische Organisation von Expeditionen, die in weite Fernen führten, die der religiösen Zeremonien, die von den geistlichen Autoritäten festgelegt wurden und schließlich denen der Schauspiele als Spezialeffekte (mit dem deus ex machina). Um Heidegger abzuwandeln: in der Kathedrale ist Christus schon tot; das neue Heiligtum will die Wissenschaft unmittelbar und ganz der Macht der Welt aussetzen; unterschiedslos mischt sie alle Aspekte menschlicher Existenz (Volk, Sitten, Krieg, Poesie, Denken, Glauben, Krankheit, Wahnsinn, Tod, Techniken). Bevor es so zum Predigtstuhl für die Gesamtheit wurde, war das christliche Heiligtum zunächst festes Haus, Bunker, befestigte Kirche für den, der sich darin aufhielt. Alle Fähigkeiten, alle Kräfte, alle Fertigkeiten entwickelten sich durch, im und als Kampf. Es sei schwierig, ist gesagt worden, sogar unmöglich, sich die Haltung der Christen des Mittelalters in ihrer neuen Kirche vorzustellen, aber wir haben heute schon Schwierigkeiten, uns das Verhalten der Kinobesucher der dreißiger und sogar der fünfziger Jahre vorzustellen, wie sie sich in die Kathedralen des Militärstaats stürzten.

»Hollywood hat seinen Grund im Ersten Weltkrieg«, sagt

Anita Loos. Die Filmstadt – Cinecittà, Hollywood – der militärisch-industriellen Epoche tritt an die Stelle der Theaterstadt des antiken Stadtstaats. Zunächst wurden Studios und Vorführräume in den Vorstädten errichtet, wie die alten Nekropolen. Denn während dem Theater als einer Quelle lebendiger Beziehungen Stadtrecht zuerkannt wurde, war das Kino eine Randerscheinung, für die nichtintegrierten, nicht einmal eingebürgerten Schichten der Bevölkerung, für das vagabundierende, ungebildete Proletariat im Niemandsland der Peripherie. Die Trance des Kinobesuchers wurzelte, wie die des Kämpfers, in einem sozialen Mangelzustand, in der Beschränkung auf das harte Dasein in den übervölkerten Vorstädten, in denen Westen und Osten sich mischten, ohne ineinander aufzugehen und eine bürgerliche Gemeinschaft zu finden. Im einen wie im anderen Fall wird dieselbe Bevölkerungsschicht angepeilt, das »soziologisch formlose Konglomerat« des militärisch-industriellen Proletariats, das ebenso wie in die Fabrik in den Krieg gerufen wurde – wenn sich in den zwanziger Jahren die bolschewistische Bedrohung »von München bis zu den Toren Indiens ausbreitete« oder wenn die Amerikaner sich fragen, ob »die Russen nicht schon in Paris stehen«.

Paradoxerweise erfüllte bei den Nomaden des zwanzigsten Jahrhunderts das Kino den Wunsch nach einem dauerhaften, gar ewigen Vaterland und verlieh ihnen ein neues Stadtrecht. Ihnen ersetzte die kinematographische Technik durch die kinematische Aufzeichnung, durch ein normiertes Walhalla mit seinen Bildern typischer Ereignisse, Gegenstände, Personen die Religion des Kerameikos. Der Filmsaal war keine neue Agora, kein urbanes Forum, wo die Einwanderer aus aller Welt sich hätten treffen und austauschen können, sondern eher ein Zenotaph. Was der Film in diesen Tempeln im wesentlichen leistete, indem er Ordnung ins Chaos des Sehens brachte, war eine gesellschaftliche Formierung; das machte aus dem Kino die Schwarze Messe, die die neue Autochthonie eines Landes, das in demographischer Anarchie steckte, brauchte.

Marcel Pagnol beschreibt in seinen Erinnerungen, eine wie sichere Einfallsstraße der kinematische Strahl ist: »In einem Theater können nicht tausend Besucher auf demselben Platz sitzen, und so kann man behaupten, daß nicht zwei von ihnen dasselbe Stück sehen . . . Der Bühnenautor muß, will er sein Publikum ins Visier bekommen, eine Schrotflinte nehmen, um mit einem Schuß tausend verschiedene Ziele zu treffen. Das Kino dagegen löst das Problem von selbst, denn jeder Zuschauer, egal wo im Saal er sitzt, sieht immer genau das Bild, das die Kamera gesehen hat. Wenn Charlie in die Kamera blickt, blickt sein Photogramm allen, die es sehen, in die Augen, egal, ob sie rechts oder links, oben oder unten sitzen . . . Es gibt also in einem Kino nicht mehr tausend Zuschauer, es gibt nur noch einen einzigen, der genauso sieht und hört wie die Kamera und das Mikrophon.«

Nach J. F. C. Fuller ist jedes Individuum, Mann oder Frau, eine potentielle nervöse Schießscheibe, und tatsächlich rief die Präzision der Schußkamera unter den Zuschauern der »Bewegungsdemonstrationen« der Brüder Lumière, bei der berühmten *Ankunft eines Zuges auf dem Bahnhof von La Ciotat*, eine Panik hervor: jeder hatte den Eindruck, von der Lokomotive überfahren oder gerammt zu werden. Die Art von Angst, die von Geschwindigkeitseffekten herrührt und die man in Jahrmarktsbuden und *scenic railways* suchte, ist nie ganz verschwunden. Die Gewöhnung hat die Angst nur noch tückischer gemacht: das Publikum, das seine Reflexe zu beherrschen gelernt hatte, begann, den Tod amüsant zu finden. Von den Western wurden immer mehr Tote verlangt; man fing an, sie zu zählen, wie in den Generalstäben, denen die hohe Zahl von Opfern, die starke Dezimierung von Truppen und Material als Beweis für das Talent und die Persönlichkeit des Feldherrn galt, für die Orthodoxie seiner Kunst. Aber darüber hinaus wurde das Paar Mord–Selbstmord (hetero- oder homo-), das die eigentliche Essenz des Krieges und seiner Peripetien war, vom militärisch-industriellen Kino endlos reproduziert, unentwegt wiedergekäut. Es ist so sehr zum Modell geworden, daß dadurch ewig alte Gebräuche umgestürzt wurden. So hat der Soziologe Lewis Feuer (*A Critical Evaluation*, in *New Politics*) festgestellt, daß die emotionale Überreizung durch den Western in Asien, in dessen klassischem, rituellem Drama die Guten oft von den Bösen besiegt wurden, zu einer grundlegenden Veränderung der Mentalität geführt hat, bis sich im Orient eine neue Geschichtsphilosophie um den Begriff des »gerechten Krieges« durchsetzen konnte.

Schon die Hale's Tour, die aus derselben Zeit stammte wie Wells' Zeitmaschine, versetzte den Zuschauer in die Position eines Angreifers. Sie setzte ihn in einen etwa fünfzehn Meter tiefen Raum mit Sitzen zu beiden Seiten eines Mittelgangs, wie in einem Eisenbahnwagen in voller Fahrt. Der von einer Lokomotive aus aufgenommene Film wurde projiziert auf die Leinwand am Kopfende des Saals, die so zu einer Art Windschutzscheibe wurde. Finanziert wurde das Ganze meistens von denselben Transport- und Waffenfabriken, die sich bald darauf im Ersten Weltkrieg hervortaten.

1940 konnte V. Bush (in *Modern Arms And Free Men*) feststellen: »Die Autowerkstatt an der Ecke, der kleine Funkclub sind gleichsam Trainingslager, und wenn es darauf ankommt, kann sich dieses Training leicht und innerhalb kurzer Zeit in die Fähigkeit umsetzen, den komplexen

Apparat des Krieges aufzubauen.« Die Jugendlichen, die zu Tausenden Auto fahren lernten, sich mit Mechanik, mit den Gesetzen der Kraftübersetzung und des Verkehrs beschäftigten, sich an motorische Ausdauer gewöhnten, erhöhten, ohne es zu wissen, die militärische Kapazität der Vereinigten Staaten. Auch die Kinosäle wurden Trainingslager, in denen eine ungeahnte agonistische Einstimmigkeit hergestellt wurde; hier lernten die Massen, die Angst vor dem Unbekannten zu beherrschen oder, richtiger, wie Hitchcock sagt: vor dem, was es gar nicht gibt. Er meinte: »Wir schaffen Gewalt hauptsächlich aus unseren Erinnerungen heraus und nicht aus dem, was wir unmittelbar sehen, so wie der Zuschauer in seiner Kindheit selbst das Fehlende ersetzte und seinen Kopf mit Bildern füllte, die er sich im nachhinein schuf.«

In seinem Buch *Was an Amerika amerikanisch ist* fragt der Essayist John A. Kouwenhoven nach dem Gemeinsamen, das hinter Symptomen wie Wolkenkratzer, Kaugummi, Fließband, Comics, Baseball usw. zu vermuten ist. Das militärisch-industrielle Kino hat sich dieses Zeichen- und Informationsgemenges angenommen, um eine nationale Einheit zu schaffen, jenseits des Persönlichkeitsprofils des einzelnen Neubürgers. Übrigens benutzte die alliierte Gegenspionage zur Entlarvung von in England und Amerika eingeschleusten Angehörigen der »Fünften Kolonne« der Nazis Fragebögen, die auf derselben Art von scheinbar willkürlichen Aufzählungen basierten. Die in Europa eingesetzten GIs des Zweiten Weltkriegs führten ein ebensolches Symptomkonglomerat – Bibel, Kaugummi, Kleenex – in ihrem Gepäck mit. Nach dem Krieg setzt sich das fort mit den Liberty Ships, die eine Flut von Instrumenten und Gegenständen nach Europa brachten. Hier zeigten sich Stärke und Schwäche einer Armee, die, sobald sie der logistischen Unterstützung durch die Wahrnehmung entbehrte, unfähig war, mit schwierigen Situationen fertigzuwerden, wie in Nordafrika 1942/44, in Korea und Vietnam.

Das Starsystem benutzte nach dem Ersten Weltkrieg dieselbe Art von Auslösern, die, schreibt Rudolf Arnheim, »oszillieren in den Zonen oberhalb der Welt der praktischen Dinge und unterhalb der entkörperlichten Kräfte, die die Dinge bewegen«. Zunächst hatten sich die führenden amerikanischen Filmgesellschaften gegen ein Starsystem wie beim Theater heftig zur Wehr gesetzt. Nachdem den Schauspielern dann das Recht auf Nennung des eigenen Namens zuerkannt worden war, wurden sie als »Gleiche« innerhalb des Starsystems angesehen; sie verloren, wie die antiken Helden, die der unmittelbaren Erinnerung ihrer Freunde und Verwandten entzogen waren, ihre individuellen Züge. Durch eine willkürliche Selektion genereller Attribute wurden sie zu unbegrenzt reproduzierbaren nichtorganischen Individualitäten; selbst in ihrem Privatleben durften sie nicht von der paramnetischen Lokalisierung abweichen, die ihnen vertraglich vorgeschrieben war. So führte während des Koreakrieges die außereheliche Schwangerschaft Ingrid Bergmans und ihre Liaison mit Rossellini zu einer Anfrage im amerikanischen Senat und ruinierte schließlich ihre Hollywoodkarriere.

Das Kino begann mit den Schauseiten seiner Paläste, an denen die Namen der Stars mit Feuerlettern geschrieben standen. Es war wie »die Herrlichkeit des Lebens, (die) einem jeden und immer in ihrer ganzen Fülle bereitliegt, aber verhängt, in der Tiefe, unsichtbar, sehr weit. Ruft man sie mit dem richtigen Wort, beim richtigen Namen, dann kommt sie. Das ist das Wesen der Zauberei . . .«, schreibt Kafka 1921 in sein Tagebuch. Der Star gehört der isolierenden Welt der indirekten Wahrnehmung an; er stellt eine ikonische Figur dar, die mit der fleischlichen Präsenz des Bühnenschauspielers nicht zu vergleichen ist. Er wurde zur Vestalin der »Sonne in jedem Bild«, von der Gance spricht, die Hüterin des nationalen Herdes, dessen intensive Strahlkraft ohnegleichen ist. Dem Star widerfuhr dasselbe Schicksal wie der antiken Priesterin: allzumenschlichen Leidenschaften zu erliegen und zu lieben wie ein Sterblicher bedeutete das Ende seiner Unsterblichkeit; seine Einmauerung betrieben mit Eifer die Zensur und die puritanischen und patriotischen Ligen.

Als im Verlauf des Ersten Weltkriegs deutlich wurde, welche staatsbürgerliche Rolle der Film zu spielen vermochte, wurde er unter Hausarrest gestellt. Die Filmproduktion wurde einem Regelsystem unterworfen, das den Methoden der Fehlinformation folgte, wie die Kriegspropaganda sie entwickelt hatte. Irreführende Gerüchte, verspätete Eingeständnisse, Identitätstausch, Sperren, Prozesse, Denunziationen, Verhöre, Hexenjagden – die Furcht vor dem nazistischen oder kommunistischen Feind mischte sich mit der Furcht vor Drogen, Alkohol und Sex. In den Vereinigten Staaten wurde in den zwanziger Jahren Will Hays, ein früheres Mitglied der Regierung Harding, von den Produzenten selbst als Leiter der Filmzensur verpflichtet. Zu den patriotischen, religiösen und moralischen Ligen stießen Polizeibeamte, Armeemitglieder, Journalisten von der Hearst-Presse, Agenten der Drogenfahndung. Dann gab es die Schwarzen Listen des McCarthy-Ausschusses, und schließlich denunzierte 1975 der Bericht der Trilateralen Kommission Intellektuelle und Künstler als Außenseiter und Unbelehrbare. Derselbe Bericht räumt ein, daß, »wenn es möglicherweise wünschenswerte Grenzen des ökonomischen Wachstums gibt, es dann möglicherweise auch wünschenswerte Grenzen einer unendlichen Erweiterung der Demokratie gibt«, jenes auf der Familie als Keimzelle basierenden demokratischen Modells, an das viele Amerikaner noch glauben. Damit hat Hollywood seinen Daseinsgrund verloren.

Auch hier drängt der Vergleich mit der Welt des Theaters sich auf, den Varieté-Stars und den Diven, die ganz offen das Leben von Kurtisanen führten, wie Sarah Bernhardt, die in Frankreich der Prostitution verdächtigt wurde. Ausgerechnet sie legte den Grund zu Adolph Zukors Vermögen. Für 28 000 Dollar kaufte er den Film *La Reine Elisabeth* und zeigte ihn am 12. Juli 1912 in New York, in einem eigens für diesen Zweck gemieteten Theater; die Werbung machte das Publikum glauben, es könne einen direkten Blick auf das Fleisch der berühmten Sarah werfen. Diese Verwechslung von fleischlicher Präsenz und Kino beutete Al Lichtman dann weiter aus, der den Film in den gesamten Vereinigten Staaten in dafür angemieteten Theatern zeigte. Dieser Schwindel neuen Stils brachte Zukor achtzigtausend Dollar ein und eröffnete seine Karriere als Produzent. Diese Produzenten verpflichteten bald darauf ihre Stars vertraglich, ihr Privatleben geheimzuhalten, wie man das Politikern nahelegte. Einigen, wie Greta Garbo, die John Gilbert öffentlich vor der Kamera liebte, blieb für ihr ganzes Leben die Angst vor jedem proxemischen Blick.

Daß die Star-Frau so ins Licht gesetzt wurde, während zugleich die amerikanischen Frauen für die Anerkennung ihrer Bürgerrechte kämpften – zunächst Seite an Seite mit den Organisationen der Schwarzen –, erinnert daran, daß bei der Gründung oder Wiederherstellung eines jeden Militärstaats und in Verbindung mit dem intensivierten Totenkult stets eine Reihe von Machtübertragungen zwischen männlichen Kriegern und logistischen Gattinnen sich vollzieht,[10] das heißt, zwischen der natürlichen Reproduktion in der alten mutterrechtlich verfaßten Gynäkokratie und all den Erhaltungs- und Reproduktionstechniken der neuen Stadtstaaten, von den Festungen, die als Mutter bezeichnet werden, zu den industriellen Matrizen der Waffenfabriken und schließlich zum militärisch-industriellen Film. Auch da behält die ethnologische Beispielsammlung ihre Gültigkeit.

Dann traten diese Übertragungsreihen im europäischen Mittelalter wieder auf, bei der Durchsetzung des Feudalismus, vor allem durch das Salische Gesetz. Zu der Zeit war die Rolle der Frau in den Erzählungen vieldeutig. Sie wurde an einem bewegten, unsicheren und gefährlichen Ort angesiedelt, dem Wasser, dem Wald, dem undurchdringlichen, magischen. Dem männlichen Widerpart begegnet sie, wenn er sich in einer ihm unbekannten Umgebung verirrt hat, in der sie zu Hause, deren Herrin sie ist. Auch in der Legende der Jörai ist sie Fee und Jägerin, sie stellt die Köder her, webt die Netze und richtet die Fallen her für das Wild oder die Feinde. Dabei nimmt die Jörai-

10 Bei den Wanderungen und den kriegerischen Zusammenstößen übernahm die vom Mann dressierte und kontrollierte Frau das Tragen und gestattete so dem Jäger, sich auf das homosexuelle Duell zu spezialisieren, das heißt, zum Menschentöter, zum Krieger zu werden. So konnten sich die bis dahin wegen der geringen Beweglichkeit der ethnischen Gruppen beschränkten Konflikte auf weite Räume ausdehnen. Die Frau ermöglichte es dem Krieger, auf den Feind loszugehen, sie sorgte für den Nachschub an Waffen und Verpflegung, sie reichte ihm die Wurfwaffen. Dadurch gewann der Mann, in der Sprache der Militärs zu reden, eine große Stoßkraft. Bis zur Domestizierung des Pferdes war deshalb die heterosexuelle Gruppe weitaus gefährlicher als der homosexuelle Verband. Die Frau half dem Mann also zweimal, auf die Welt zu kommen: bei seiner Geburt und dann, wenn sie ihn zum Krieger machte. Als erstes Transportmittel der Gattung – während der Schwangerschaft und für das Kleinstkind – und als erste »logistische Unterstützung« begründete die Frau den Krieg; sie nahm dem Krieger den Unterhalt ab. Das erklärt beispielsweise auch, inwiefern der griechische militärische Traum in der Gestalt der Athene den Gegensatz männlich–weiblich nicht berührte und so mit dem sexuellen Irrealismus des 19. und 20. Jahrhunderts nichts zu tun hat.

76

Frau, obwohl sie Jägerin ist, nicht teil am Gemetzel der Jagd oder der Schlacht, das Töten bleibt Aufgabe des Mannes. In der Zeit der strategischen Festungs- und Städtebauten hatte die Frau noch die Macht der Taktikerin inne – einem alten normannischen Sprichwort zufolge gibt es keine Festung, an die nicht zuerst eine Frau Hand angelegt oder in die sie nicht zuerst ihren Fuß gesetzt hat. Man erinnere sich auch der Geschichte von Viviane oder von Melusine von Lusignan, der Tier-Frau-Fee, die ihr Reich dank ihrer topologischen Listen unendlich ausweitete. Oder jener Zauberin, die im Wald einem Ritter begegnete und bereit war, bei ihm zu bleiben unter der Bedingung, daß nie das Wort Tod ausgesprochen wurde. »Diese einfachen und genauen gemeinsamen Kennzeichen und Merkmale«, von denen Locke im Hinblick auf die Abgrenzung von Vorstellungen spricht, finden sich hier als Vorbilder wieder, von denen man nicht einmal weiß, woher sie kommen. Im höfischen Roman wurde der Körper der Frau dann völlig der Festung und ihren Fallen gleichgestellt; sie wurde selbst zur »Dose voller Überraschungen und Listen«; bei ihr lag es, den Liebeskampf, das heterosexuelle Duell und den Krieg unbegrenzt und unterschiedslos dauern zu lassen.

Wie die antike Kolonialstadt die Götter der unterworfenen oder benachbarten Völker unterschiedslos übernahm, so zog das große Hollywood Talente aus dem ganzen Abendland an sich und paßte sie sich an, ständig auf der Suche nach abstrakten und doch visuell wahrnehmbaren Modellen, die notwendig waren bei der Programmierung der verschiedenen gemeinsamen Merkmale eines universellen Starsystems. Louise Brooks, die fatale Lulu aus Pabsts *Büchse der Pandora* von 1929, dieses, wie Lotte Eisner schreibt, »mit animalischer Schönheit ausgestattete irdische Wesen«, war selbst eins der fernen Medien der Fee-

Frau und der unsterblichen Pandora, die ein Geschöpf des Hephaistos war, des Gottes des Feuers und der Schmiede, in deren Besitz sich die verhängnisvolle Dose befand, die das Glück ebenso wie das Unglück der Männer enthielt und auf deren Grund nichts blieb als die Hoffnung.

Gegen Ende des Mittelalters kristallisierten sich in Jeanne d'Arc, die später in Hollywood zu solcher Beliebtheit gelangte, diese universellen Symptome – ein sehr effektiver Vorgang, der immerhin in einem hundertjährigen Krieg die Wende herbeiführte. Erst war sie Hirtin, also Bewohnerin von Wald und Wiesen. Die Leichtigkeit, mit der sie zur Strategin wurde, verblüfft heute, war damals jedoch, erinnert man sich der Beispiele aus der Ethnologie, ohne weiteres denkbar: eine siebzehnjährige Strategin, der man eine Armee anvertraute, der sich Fürsten unterstellten, die ohne Waffen in den Kampf zog und am Gemetzel der Männer selbst nicht teilnahm – wie bei den Jörai. Dabei legte sie großen Wert auf ihre transsexuelle Erscheinung; sie sublimierte ihre Kriegsausstattung, Rüstung, Pferd, Fahne, zu Erkennungszeichen; sie griff entscheidend in den Verlauf der Schlachten ein. Die Wahrnehmungsfelder, zu denen die Schlachtfelder fallweise werden, waren von Anfang an prädestiniert für schnelle Stimuli, aus denen später die Slogans und Warenzeichen des kommerziellen Designs und der Filmindustrie werden sollten.

Jeannes Schicksal glich vollkommen dem der antiken Logistikerin. Nach der Wiederherstellung des Militärstaats in Reims wurde sie verraten, vor Gericht gestellt und zum Tod auf dem Scheiterhaufen verurteilt – als Hexe, als Gelegenheitsfee, als welche sie noch bei Shakespeare erscheint. Jungfrau von Orleans und antike Artemis verweisen gleichermaßen auf sexuelle Abstinenz und die Unveränderlichkeit des Keuschheitsmodells. Es sind genau die gemeinsamen Merkmale, die 1949 zum Sturz von Ingrid

Bergman führten, als sie, ein Jahr nachdem sie die *Joan of Arc* gedreht hatte, ein uneheliches Kind erwartete.

Nach dem Sezessionskrieg und der Eroberung des Westens hatten die Amerikaner die echten Helden des eben befriedeten Südens und Westens, Calamity Jane, Buffalo Bill, Sitting Bull usw., auf die Bühne gebracht. Nach 1918 und 1945 wiederholten viele Kriegshelden, wie etwa Audie Murphy, ihre Taten vor den Kameras und stellten ihre militärischen Titel und Auszeichnungen in den Dienst ihrer Filmkarriere. Als sich schließlich ein Hollywoodveteran um die amerikanische Präsidentschaft bewarb, stellte er für den Wahlkampf eine Fernsehshow auf die Beine, ein seltsames militärisch-politisches Fest, an dem echte Überlebende des letzten Weltkriegs, wie der General Bradley, neben ihren Nachahmern und Doppelgängern, den Überlebenden Hollywoods, auftraten. Reagan selbst, auf einem Thron sitzend, präsidierte mit seiner Frau diesem gespenstischen Spektakel, das einem Lewis Carroll oder den Monty Pythons zur Ehre gereicht hätte.

Nach seiner Wahl ließ Reagan seinen Freund, den kalifornischen Millionär Charles Wick, Direktor der *Stimme Amerikas*, unter dem Titel *Let Poland Be Poland* die »größte Show seit Erschaffung der Welt« organisieren. Stars waren ein Dutzend Staats- und Regierungschefs. Jeder von ihnen mußte eine Botschaft verlesen, in der die Solidarität mit dem polnischen Volk, die Ablehnung des Jaruzelski-Regimes und seiner Unterstützung durch die Sowjetunion zum Ausdruck kamen. Aufgelockert wurden diese recht trockenen Botschaften durch die Auftritte von Sängern, Musikern und Schauspielern, Frank Sinatra, Charlton Heston, Kirk Douglas, Bob Hope. Anläßlich eines »Solidaritäts-Wochenendes« wurde das Ganze über Satelliten in Amerika und der ganzen Welt verbreitet. Da die *Stimme Ameri-*

kas, eine Propagandaagentur aus der Zeit des Zweiten Weltkriegs, nicht zu Ausstrahlungen innerhalb der Vereinigten Staaten berechtigt ist, mußte der Fall im Kongreß behandelt werden – der erteilte indes seine Zustimmung.

Im März 1983 unterschrieb Präsident Reagan die *National Security Directive 75*. Sie war nicht zur Veröffentlichung bestimmt, wurde aber durch die *Los Angeles Times* in ihren Grundzügen bekannt. Ihr Hauptverfasser war Richard Pipes, der als Berater im Nationalen Sicherheitsausschuß für die UdSSR zuständig gewesen war. Die *Directive 75* kündigte u. a. den Entwurf eines *Demokratischen Projekts* an, des Aufrufs zu einer Steigerung der amerikanischen Anstrengungen auf dem Gebiet der Propaganda, die die Wirtschaftssanktionen und militärischen Interventionen der USA begleiten sollte. Dafür forderte die Regierung fünfundachtzig Millionen Dollar, für Filme, Bücher und Kommunikationsmittel zur Förderung der Demokratie im allgemeinen und freier Gewerkschaften im besonderen. Dieses Manna war vor allem zur Verteilung in West- und Osteuropa bestimmt. Auch in diesem Fall äußerte der Kongreß zunächst Bedenken, die sich aber schnell zerstreuen ließen.[11]

1982 nannte die sowjetische Agentur TASS das Unternehmen *Let Poland Be Poland* einen vom Weißen Haus geplanten Fernsehumsturz und einen Akt der Provokation. Reagan hatte, ohne daß dies jemanden besonders gekümmert hätte, ein ganzes Arsenal alter Wahrnehmungsmaterialien in die größte Machtzentrale der Welt eingeführt, eine treue Replik der Szenen und der pragmatischen Methoden aus Hollywoods Vergangenheit. Reagan, Darsteller in B-Pictures, war Belastungszeuge des

---

11 *Cahiers d'études stratégiques*, Nr. 1, CIRPES. Eine Dokumentation von Janet Finkelstein

Komitees zur Untersuchung unamerikanischer Umtriebe gewesen, dem berühmten Verfahren gegen die Hollywood Ten, und während der McCarthy-Zeit Präsident der mächtigen Actors Guild. Mit der *Directive 75* zielte er auf eine neue Art von Grenzverletzung, die Stationierung – parallel zu der der Trägerraketen – einer audiovisuellen Streitmacht, einer mächtigen Bildlogistik, die die europäische Peripherie noch enger in das amerikanische Sicherheitssystem integrieren soll. Mehr als um eine neue Kräfteumverteilung handelt es sich hier um eine notwendige Ergänzung der *Power Projection* – zu einem Zeitpunkt, da der Verteidigungsminister Weinberger im Haushaltsbericht die geographische Verwundbarkeit der Vereinigten Staaten betonte.

Mit dieser Entneutralisierung der Medien im Ost-West-Verhältnis nähern wir uns einem neuen Jalta und vielleicht einem neuen Weltstaat. Zu Beginn dieses Jahrhunderts schrieb Friedrich Ratzel: »Der erste Zweck des Krieges ist immer, in das Gebiet des Gegners einzudringen.«[12] Mit der weltweiten Ausstrahlung der Reagan-Show wurde der Versuch unternommen, über die alten Riten der Staatsgründung hinauszugehen. Dem Schauspieler-Präsidenten gefällt es, Stars wie Sinatra oder Charlton Heston den Status eines Unsterblichen der Polis zuzuerkennen, das heißt, eine wirklich grundlegende Macht im amerikanischen Staat und seinem kulturellen Einfluß auf die Welt.

Nach der Ausstrahlung von *Let Poland Be Poland* hieß es in einer Kritik: »Die Reagan-Show war nicht ausverkauft.« Das Programm, das fünfhunderttausend Dollar gekostet hatte, fand nur begrenzten Beifall; beim Publikum fielen die Stars von Politik und Film gleichermaßen

---

12 *Politische Geographie*, München–Berlin 1903

durch. Doch die Wendung des Kritikers bleibt aufschluß-
reich. Sie vergleicht die Welt mit einem einzigen Vorführ-
saal, als sei »die größte Show seit Erschaffung der Welt«
zugleich die kleinste. Er macht darauf aufmerksam, daß,
wie der Theologe Dietrich Bonhoeffer schreibt, Unmittelbarkeit Trug ist[13], Ausdruck einer Krise zugleich der Dimensionen und der Darstellung.

13 *Nachfolge,* München 1937

»Unmittelbarkeit ist Trug«

Dietrich Bonhoeffer

Seit im Jahr 1794 der optische Telegraph einsatzfähig wurde, konnte auch das entfernteste Schlachtfeld unmittelbar reagieren auf das Innenleben des Landes und in das gesellschaftliche, politische und ökonomische Feld eingreifen. Damit wurde bereits die Distanz eingeholt im Augenblick. Von nun an verlor der Ort an Bedeutung, zogen sich entsprechend der wachsenden Geschwindigkeit die geographischen Räume zusammen, büßte die strategische Lokalisierung zunehmend an Bedeutung ein – statt dessen vollzog sich eine Entlokalisierung durch die Vektoren und ihre Leistungen, eine tellurische und technische Erscheinung, mit der eine topologische Scheinwelt sich konstituierte, in der alle Oberflächen des Globus einander unmittelbar konfrontiert sind.[1]

Nach dem Bewegungskrieg der mechanisierten Kräfte kam es nun zu einer Strategie der Brownschen Bewegungen, zu einer geostrategischen Homogenisierung. Gegen Ende des neunzehnten Jahrhunderts kündigte der Engländer Mackinder sie in seiner *World-Island*-Theorie an, derzufolge die Kontinente zu einem einzigen zusammengezogen werden. (Man wird an den Falkland-Konflikt erinnert, bei dem, da die Briten entschlossen waren, sich den Zugriff auf die Antarktis zu sichern, die Entfernung keine Rolle mehr spielte.) Seit den großen Welt- und Kolonialausstellungen ziehen die Reisenden nicht mehr in die

---

[1] Vgl. Paul Virilio, *Vitesse et politique*, Paris 1977 (deutsch *Geschwindigkeit und Politik*, Berlin 1980)

Ferne, sondern die Ferne präsentiert sich ihnen unvermittelt, meist in Gestalt mehr oder weniger überholter Modelle. Die Revolutionierung des Transports hat nicht so sehr die Lust am Exotismus belebt, als daß sie einen neuen Endotismus hervorgerufen hat: die vertraute Umwelt wird durch die hohe Reisegeschwindigkeit zu den *Traumländern* hin aufgebrochen, die Reise verschwindet, man merkt nicht einmal mehr, daß man reist.

Die Idee des *World Island* hat die Disney-Gesellschaft[2] wiederaufgenommen, erst mit *Disney World*, dann mit EPCOT (*Experimental Prototype Community of Tomorrow*): »eine revolutionär konzipierte neue Stadt, in der wir versuchen werden, die Kommunikations- und Umweltprobleme zu lösen, die sich den Bewohnern der Zukunftsstädte stellen«, wie Walt Disney am 15. September 1965 auf einer denkwürdigen Pressekonferenz im Cherry Plaza in Orlando erklärte. Als er dreizehn Monate später überraschend starb, hatten die Bulldozer ihre Arbeit auf dem elftausend Hektar großen Sumpfareal in Florida, das er 1964 erworben hatte, einer Fläche größer als ganz San Francisco, bereits begonnen. Nach Disneys Tod machten sich seine Mitarbeiter daran, die »Kommunikationsprobleme der Zukunftsstadt« zu lösen. Gegenwart, Vergangenheit und Zukunft rücken darin zusammen, die Kontinente greifen ineinander. Sie werden repräsentiert durch eine Sammlung von Architekturrelikten und realen Objekten; das Volumen der Bauwerke und der Verkehrsmittel ist dabei jeweils um ein Fünftel reduziert; Züge und Autos sind genauestens kopiert, aber nicht in ihrer natürlichen Größe, was Disney zufolge die Entrückung des Zuschauers bewirkt. Die kinematographi-

---

2 Für die geplante Weltausstellung zum zweihundertsten Jahrestag der Revolution von 1789 haben die Franzosen sie sich als Ratgeber verschrieben.

schen Verfahren wiederholen so die Negation der Dimensionen in der Strategie.

Der Slogan auf den Kinofassaden der dreißiger Jahre, »Rund um die Welt in achtzig Minuten«, signalisierte bereits, daß der Ablauf des Films sich deckte mit einer Geostrategie, die seit einem Jahrhundert unaufhaltsam auf eine Vertauschung von Dingen und Orten und schließlich ihre Auflösung hinauslief. 1926 hatte Adolph Zukor die Idee, in der *Hall of Nations* des New York Paramount Bruchstücke von Materie und Teile von Ruinen aus der ganzen Welt zusammenzutragen, als sollten die letzten Zeugnisse einer in den Spezialeffekten der Kommunikationsmaschine verschwindenden physischen Welt vereint werden. Reiche Amerikaner wie John D. Rockefeller Jr. folgten seinem Beispiel und ließen echte Stücke von mittelalterlichen Kirchen und Schlössern modernen architektonischen Strukturen einverleiben, während zugleich die Fußabdrücke der Stars in dem Grabstein-Trottoir vor Grauman's Chinese Theatre in Hollywood die »menschlichen Negative« von Hiroshima vorwegnahmen.

Trotz der vielen Dokumente, Informationen, Filme antworten Rekruten, wenn man sie fragt, was Krieg sei, auch heute noch, sie könnten ihn sich nicht vorstellen. Sie ähneln darin dem »Neuling« bei Clausewitz, in einem schönen Kapitel seines Buches *Vom Kriege*, der seine erste Schlacht zunächst von fern erlebt, »fast noch wie ein Schauspiel«. Er muß dann heraustreten aus der Friedlichkeit der ihn umgebenden Landschaft; dem Epizentrum der Kämpfe sich nähernd, durchquert er »verschiedene Dichtigkeitsstufen der Gefahr«. Geschützdonner, jähes Kugelpfeifen, Erschütterungen des Bodens – um den Neuling herum fallen immer mehr Kameraden, tot oder verwundet, unter dem »Stahlgewitter«, in dem, schreibt Ernst

Jünger, »selbst die Naturgesetze ihre Gültigkeit verloren zu haben« schienen, »die Luft flimmerte wie an heißen Sommertagen« und »der wechselnde Brechungsmoment feste Gegenstände hin und her tanzen« ließ.[3] Es war das unbegreifliche Ende eines statischen Weltgefühls. Von einer bestimmten Schwelle an, stellte Clausewitz fest, bewegt »das Licht der Gedanken sich hier durch andere Mittel« und wird »in anderen Strahlen gebrochen«.[4] Da die normalen Fähigkeiten der Wahrnehmung und Überlegung nichts mehr taugten, mußte der Soldat jene militärische Tugend bewahren, die im unbedingten Glauben an sein Überleben besteht. Zu überleben bedeutet, zugleich Schauspieler und Zuschauer eines real gelebten Films zu sein, die Zielscheibe eines unterschwellig wirkenden audiovisuellen Beschusses abzugeben und dabei selbst den Feind »anzuzünden«, wie es in der Landsersprache heißt. Zu versuchen, seinen Tod hinauszuschie-

3 *In Stahlgewittern*, Berlin 1920
4 In einem Interview mit den *Cahiers du Cinéma* (Nr. 311, Mai 1980) bemerkt Samuel Fuller, es sei schon deshalb unmöglich, einen Film über die Landung in der Normandie zu drehen, weil man einen meterweit von Eingeweiden bedeckten Strand nicht filmen könne. Davon abgesehen, daß Leichen auf Photos nie gut kommen – man denke an Aufnahmen von Attentaten und Straßenunfällen –, läßt Fullers Scherz erkennen, daß Filme vom militärisch-industriellen Krieg nie richtige Horrorfilme werden können, weil sie auf irgendeine Weise immer dazu bestimmt sind, den Tod zu schönen. Die alliierte Invasion hat einmal mehr das Problem des Realismus von gefilmten Zeugnissen aufgeworfen. Bekanntlich bedeckten keineswegs meterweit Eingeweide den Strand der Normandie, und militärisch war die Invasion eine bemerkenswerte und schwierige Operation nicht wegen der – sehr schwachen – deutschen Streitkräfte, sondern wegen der katastrophalen Wetterbedingungen und der Komplexität der normannischen Landschaft. Die alliierten Befehlshaber schickten, um durch Zahlen beeindrucken zu können, ihre Leute in spektakuläre Selbstmordunternehmen, wie die Erstürmung der Pointe du Hoc, ehe Zanuck 1962 mit sechs Regisseuren, fünfzig Stars und zwanzigtausend Statisten seine Wochenschau-Fiktion auf der Île de Ré und in Spanien drehte, auf Stränden, die mehr hermachten als die der Arromanche, und so eine Schlacht unsterblich machten, die eigentlich gar nicht stattgefunden hat. *Der längste Tag* war ein großer kommerzieller Erfolg.

ben, den letzten technischen Unfall, die »endgültige Trennung von Bildstreifen und Tonspur«, wie William Burroughs sagt.

Als Kind im letzten Krieg, angesichts des Feuerwerks der strategischen Bombenangriffe und während der Bodenkämpfe, habe ich am Beispiel eines ehemaligen Verbindungsoffiziers der Artillerie, der den ganzen Ersten Weltkrieg mitgemacht hatte, beobachten können, mit welcher Leichtigkeit ein erfahrener Verstand in der Lage ist, diese unterschwellige Sperre rational zu überschreiten, wie er die atmosphärischen Dimensionen einer Schlacht im Raum zu orten und zu materialisieren vermag und die Absichten der feindlichen Parteien vorauszusehen. So beschrieb mein alter Freund mir mit deutlichem Vergnügen das Szenarium der Schlacht, während mir Neuling das ganze Geschehen wie ein Spezialeffekt der Schlacht vorkam, wie den jungen GIs, die, wenn sie einen gefährlichen Außenposten beziehen mußten, sagten: »Auf ins Kino!«

Diese kinematische Machart der Kriegsmaschine brachte 1945 eine neue Art von Schauspielen hervor. Nach der Befreiung des französischen Bodens wurden fast überall neue Kriegsmuseen eingerichtet, an den Orten der Invasion wie auf den Schlachtfeldern, vielfach in alten Forts und Bunkern. Beim Betreten dieser Museen stößt man zunächst meistens auf die verschiedenen Relikte des letzten militärisch-industriellen Konflikts, veraltetes Gerät, alte Uniformen, Orden, vergilbte Photographien; anderswo werden zeitgenössische Wochenschaustreifen und militärische Dokumente projiziert. Aber dann wird das stets zahlreiche Publikum in einen großen, fensterlosen, wie ein Planetarium angelegten Raum geführt. Die Architektur dieser Räume gleicht im Grunde der von Flug- und Fahrtsimulatoren; sie sind Kriegssimulatoren, die den Zuschauer in die Situation des Überlebenden auf dem Schlachtfeld versetzen sollen. Dunkelheit umgibt ihn, während hinter einer großen panoramaartigen Windschutzscheibe die Rundung eines Meereshorizonts imitiert wird, an dem eine ferne Küste sich abzeichnet. Wellen leuchten auf, der Widerschein von Feuern, schematische Silhouetten von Flugzeugen und Fahrzeugen geben nur einen ungefähren Eindruck von den Ereignissen – als seien die Wochenschauen zu realistisch, um den Druck der abstrakten und überraschenden Bewegungen des modernen Krieges wiederzugeben. Das alte Diorama-Verfahren kommt wieder zum Zug, dessen weites Blickfeld dem Zuschauer die Illusion vermittelt, er werde in ein virtuell unbegrenztes Bild projiziert.

Wie bei den Kinomausoleen der dreißiger Jahre mit ihrer stimmungsvollen Atmosphäre ist auch hier, durch die kinematische Paramnesie der Kriegsmaschine, ein erneutes Überborden der unmittelbaren Wirklichkeit festzustellen. Zur selben Zeit kam überall das *Son et Lumière* in Mode, das ein Enkel des Zauberers Robert Houdin vor dreißig Jahren erfunden hatte, eine Art Freilichtmuseum, in dem die Vergangenheit mittels Projektoren, Tonkulisse, künstlichem Nebel und bald auch Lasergraphik in die realen Orte, Tempel, Schlösser, Landschaften zurückgespiegelt wird. Oder die *Freedomlands* in Amerika, in denen man alle zwanzig Minuten das alte Chicago zusammenstürzen und aus den Flammen wiederauferstehen sehen oder sich am Bürgerkrieg beteiligen kann, um ihm im letzten Moment, umgeben von graublauem Pulverdampf, zu entrinnen. Zeitlich überexponiert, verschwindet der materielle Träger hinter dem Kunstlicht, er bildet nur eine Dämmerungsschwelle, und der Zuschauer kann nicht mehr unterscheiden, ob die Ruinen real sind, die Landschaft nicht simuliert ist, Kaleidoskopbilder einer allgemeineren Zerstörung.

Die für die Errichtung der neuen Kriegsmuseen gewählten Orte erinnern auch daran, daß die Wachttürme, die Gräber-Festungen und die Bunker zunächst Dunkelkammern waren. Ihre trichterförmigen Fenster, ihre langgezogenen Öffnungen, ihre Schießscharten dienten nur dazu, ihre Umgebung zu beleuchten, ihr Inneres blieb im Halbdunkel. Der schmale Sehschlitz wies den Türmer und den Richtkanonier, lange vor dem Staffeleimaler, dem Photographen und dem Filmer, auf die Notwendigkeit einer primären Kadrierung, der Wahl eines Bildrahmens oder -ausschnitts hin. »Man sieht die Hölle sehr viel besser durch ein Kellerfenster, als wenn man sie auf einmal mit beiden Augen erfassen könnte«, schreibt Barbey d'Aurevilly. Es ist, wie wenn man beim Zielen, beim Visieren das Auge zukneift (in den dreißiger Jahren war dieses Zwinkern ein beliebtes Verführungssignal), die Verengung des Blickfeldes bewirkt den Eindruck einer größeren Tiefenschärfe.[5]

Die Obszönität des militärischen Blicks, der sich zunächst auf die nähere Umgebung, dann auf die ganze Welt richtete, diese Kunst, sich dem Blick des anderen zu entziehen, um selbst sehen zu können, war nicht nur ein Voyeurismus mit schlimmen Folgen; sie brachte in das grundsätzliche Chaos des Sehens eine dauerhafte Ordnung, die die synoptischen Operationen der Architektur und später der Filmleinwand vorwegnahm. Zieleinstellung, Blickwinkel, toter Winkel, toter Punkt, Expositionszeit: in der Visierlinie kündigte sich schon die Fluchtlinie

---

5 Neue Experimente mit der anarthoskopischen Wahrnehmung haben das gezeigt. »Es genügt nicht zu wissen, daß man durch einen Schlitz blickt, man muß den Schlitz auch sehen, unter bestimmten Umständen kann ihn der Beobachter auch erfinden, jedenfalls ist erwiesen, daß die Form der Öffnung die Identifizierung der wahrgenommenen Objekte bestimmt und daß das visuelle Verfolgen eines der entscheidenden Elemente der anarthoskopischen Wahrnehmung einer Gestalt ist.«

an, mit deren Hilfe der Staffeleimaler – der nicht selten, wie Dürer oder Leonardo, auch Militäringenieur und Belagerungsfachmann war – die Perspektive schuf.

Seit dem neunzehnten Jahrhundert, mit der Entwicklung der Aufnahmen, die oft weiter nichts waren als die militärische Inbesitznahme des Gesehenen, als Interpretationscodes, mit deren Hilfe sich die dreidimensionale Identität von zweidimensionalen Ansichten feststellen ließ, wurde eine neue Lektüre des Schlachtfelds möglich. Zugleich wuchs aber auch die Gefahr der Entdeckung und der Vernichtung des militärischen Beobachters und damit seine Impotenz und Obszönität. Um der zweidimensionalen Ortung aus der Luft, durch Fesselballons mit vier- bis fünfhundert Metern Steighöhe, zu entgehen, verkrochen sich die militärischen Verteidigungswerke in die dritte Dimension und lösten damit beim Gegner Interpretationsdelirien aus. Unsichtbar, in tiefsten Tiefen vergraben, wurde die Camera obscura ihrerseits taub und blind. Hinfort hingen ihre Beziehungen zum übrigen Land nur noch von der Logistik der Wahrnehmung ab, von der Kommunikation unter der Erde, in der Luft, per Elektrizität. Hier stellt sich schon in aller Schärfe das Problem des »dritten Fensters«.[6] Wie beleuchtete man seine Umgebung, ohne sie zu sehen? Von nun an versteckte sich die Strategie in den Spezialeffekten der Übermittlungsgeräte: »In tiefen Unterständen installiert, können die von General Mangin erfundenen Projektionsapparate mehr als achtzig Kilometer weit senden. Das Licht einer starken Petroleumlampe wird über einen Konkavspiegel in einem geschliffenen Glas konzentriert, das mit einem beweglichen Verschluß versehen ist, so daß man ein anhaltendes Licht, ein kurzes und ein langes Aufstrahlen erzeugen kann, entsprechend dem

6 Vgl. Paul Virilio, *Bunker archéologie*, Paris 1975

Punkt und dem Strich im Morsealphabet« (*Ecole du génie français*, 1887).

Nun wurden die Wände der Befehlsstände, der Zentralkerne, zu Bilderwänden, mit Karten der Kriegstheater – noch lagen sie in der Nähe – auf Millimeterpapier, überzogen von einem abstrakten Zeichensystem in ständiger Animation, das auch die geringfügigsten Truppenbewegungen wiedergab. Um 1930 gaben dann einige Staaten, wie Großbritannien, die konventionellen Verteidigungsmittel auf, um sich der Erforschung und Entwicklung der Wahrnehmung zu widmen: das waren die Anfänge der Kybernetik, des Radar; Goniometrie, Mikrophotographie, Rundfunk und Fernmeldetechnik machten große Fortschritte. Im Zweiten Weltkrieg wurden die Befehlsbunker und Kriegskabinette nicht mehr unbedingt in der Nähe der Schlachtfelder untergebracht, sondern in den Hauptstädten. »Befehlsopern« wurden die riesigen Theaterräume zutreffend genannt – der Krieg wurde selbst zur *Space Opera.*

Diese Interaktionskerne, die eine Unmenge von Informationen aus allen Richtungen empfingen und in entgegengesetzter Richtung ausstrahlten, waren ohne wirkliche räumliche Ausdehnung. Wie beim alten Kammerspiel war der träge Raum dem Druck der ablaufenden Zeit ausgesetzt. So traumatisierend war in diesen aseptischen Räumen, bei der konzentrierten audiovisuellen Darstellung, der Eindruck von *negativer Ladung,* daß Hitler während der gegen England gerichteten Aktion Seelöwe in seinem Befehlsstand in Bruly-le-Pesch Halleffekte installieren ließ; die so bewirkte Steigerung der Umgebung und künstliche Raumtiefe sollte der Miniaturisierung der technischen Macht entgegenwirken, in der Zeit und Raum auf null reduziert wurden – sehr im Widerspruch zu dem nazistischen Traumbild vom Lebensraum.

2 Englische Soldaten im Schützengraben, 1917. »Wie das Schlachtfeld sich dem bloßen Auge darbot, bildete es kein Ganzes, es besaß weder
Länge noch Breite noch Tiefe, keine Ausdehnung, keine Form, es setzte
sich aus nichts zusammen. Unter diesen Umständen lieferte jede Gruppe
von Soldaten für sich ihre eigene Schlacht, in glücklicher und gnädiger
Unkenntnis der Gesamtlage, oft sogar in Unkenntnis der Tatsache, daß
gerade eine große Schlacht wütete.« (Kinglake)

3 D. W. Griffith besuchte Anfang 1917 die Schützengräben an der Somme. Er bekam als einziger Filmer und Zivilist die Erlaubnis, sich an die Front zu begeben, um dort einen Propagandafilm, *Hearts of the World*, zu drehen. Aber in den Kämpfen, die er filmen wollte, bekamen die Soldaten ihre Gegner nur selten zu Gesicht, was Griffith völlig aus dem Konzept brachte.

4 Gabriele d'Annunzio, zusammen mit Pastrone Drehbuchautor des Films *Cabiria*, im Ersten Weltkrieg nach einem Feindflug.

5 Eine auf ein Maschinengewehr montierte Filmkamera. Aufnahmen und MG-Feuer interferieren. Der Abzug der Waffe befindet sich unterhalb der Kamera.

6 Fahrbare Ausrüstung für Luftphotographie im Felde. Amerikanische Armee, 1918.

7 Photographie und Luftaufklärung waren im Ersten Weltkrieg die wichtigsten Informationsquellen. Hier sieht man das Arrangement des Photo-Mosaiks der von einem Piloten gemachten Aufnahmen. Die Photomontage wird von ihm nach der Rückkehr von seinem Einsatz kommentiert.

8 Photo-Montage: die Aufeinanderfolge der Aufnahmen gibt die fortschreitende Zerstörung eines Bauernhofs während des Ersten Weltkriegs
wieder. Amerikanische Armeeaufnahmen.

9 Serie von Postkarten, die zusammengesetzt eine Karikatur des Kaisers ergibt. Erster Weltkrieg.

10 In dem Film *Hell's Angels*, 1927/30, produziert und inszeniert von Howard Hughes, bekommt der überlebende Flieger von Jean Harlow seine Belohnung.

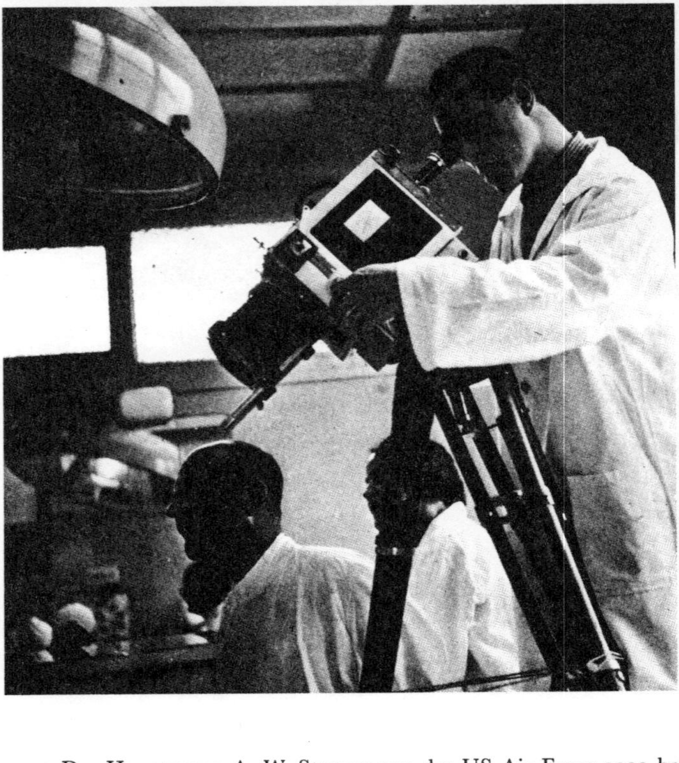

11 Der Hauptmann A. W. Stevens von der US Air Force 1929 bei Filmaufnahmen.

12 *Kinemakrophotographie*: Jean Painlevé bei Filmaufnahmen. 1930.

13 Das Firmenzeichen der 20th Century-Fox. Bemerkenswert, wie Scheinwerfer und Lichtprojektoren nach dem Ersten Weltkrieg an Bedeutung gewannen.

14 Entwurf eines Monumentalkinos mit dreifacher Leinwand von dem spanischen Architekten Fernandez Shaw, 1930, das heißt fünf Jahre vor Albert Speers Nürnberger Mammutshow. Auf der Zeichnung ist zu erkennen, daß es sich um ein Drive-in sowohl für Autos als auch für Flugzeuge handeln sollte.

15 Ankunft des Piloten Howard Hughes in Le Bourget nach seiner Weltumrundung im Jahr 1938.

16 9. Juni 1939. Der Major Goddard präsentiert die Filmausrüstung der amerikanischen Armee. Dahinter eine B 18 der US Air Force.

Die Fern-Andra-Lichtspiele

Als die USA 1917 schließlich doch in den Krieg eintraten, wurde ganz Hollywood von einem patriotischen Taumel erfaßt. Der Übergang von der filmischen Fiktion zu der des Krieges vollzog sich mühelos. Bei Lasky/Famous Players, erinnert sich Jesse Lasky Jr., machte Cecil B. DeMille den Hauptmann. Die ganze Studiofamilie formierte sich zur *Lasky Home Guard*. Jeden Donnerstagabend marschierte sie in Uniformen und mit Waffen aus dem Fundus den Hollywood Boulevard entlang, eine Musikkapelle vorneweg. Mrs. DeMille und Mary Pickford, als hübsche Krankenschwestern verkleidet, hielten nach Verwundeten Ausschau. In der Wallstreet redeten Douglas Fairbanks und Charlie Chaplin auf große Menschenmengen ein, die sie, bei der schwachen Wirkung der Megaphone, kaum hören konnten. Die Zuschauer störte das nicht weiter, sie waren an Stummfilme gewöhnt und auch an stumme Politiker. Aber sie waren so hingerissen von der Pantomime der Schauspieler, daß sie sich bereitwillig von ihren schwerverdienten Dollars trennten und Kriegsanleihen zeichneten, wie kein Politiker es erreicht hätte.[1]

Von Cecil B. DeMille heißt es, er hätte sich, als er *Die Zehn Gebote* drehte, selbst für den lieben Gott gehalten, der das jüdische Volk durch das Rote Meer führte. Die Diktatur, der er seine Umgebung unterwarf, grenzte an Leibeigenschaft; das Leben der anonymen Statisten brachte er oft bedenkenlos in Gefahr. Seine charismatische Unfehlbarkeit rührte hauptsächlich von seiner Kenntnis des Drehbuchs her, auch wenn von einem solchen manchmal

---

1 Kevin Brownlow, a.a.O.

kaum die Rede sein konnte. Eine ganze Generation von Regiemagiern verlieh der Inszenierungsarbeit buchstäblich die Form von Offenbarung – einer Handlung Gottes, der die Menschen erkennen läßt, was sie von sich aus nicht zu entdecken vermöchten.

Gleichzeitig begann in Westeuropa und Sowjetrußland eine neue Rasse von Kriegs- und Revolutionshäuptlingen zu wüten, von historischen Führergestalten, die die Massen demselben charismatischen Einfluß unterwarfen wie die Generation der Magier-Regisseure und -Schauspieler. In diesen Männern kündigte eine neue, transpolitische Ära sich an. Die reale Macht wurde nun geteilt zwischen der Logistik der Waffen und der Logistik der Bilder und Töne, zwischen Kriegs- und Propagandakabinetten; die Macht der Parlamente schwand, wie Abel Ferry schon 1914 voraussah, dahin. »Die Propaganda ist meine beste Waffe«, erklärte Mussolini. So beschrieb Rosavita (*Die Wiedergeburt Cäsars: der Vorher-Bestimmte*, 1936) den Duce: »Geh, Cäsar, deine Aufgabe ist vollendet. Aus Cäsar ist Benito Mussolini hervorgegangen, stark und mächtig, wie die Geschichte ihn noch nie gezeigt hat; sein Wille hat etwas Übernatürliches, Göttliches, Wunderbares, etwas von Christus unter den Menschen!« Als Hitler einmal nach seinem größten Vorbild gefragt wurde, nannte er verblüffenderweise nicht Bismarck, wie man erwartet hätte, sondern Moses.

Vielleicht hat man sich nie hinreichend klargemacht, daß diese Magier-Diktatoren schon nicht mehr regierten, sondern vielmehr inszenierten. In seinem Schlußwort beim Nürnberger Prozeß erklärte Albert Speer: »Die Diktatur Hitlers war die erste Diktatur eines Industriestaates dieser Zeit moderner Technik, eine Diktatur, die sich zur Beherrschung des eigenen Volkes der technischen Mittel in vollkommener Weise bediente.« Später fügte er hinzu:

»Das verbrecherische Geschehen dieser Jahre war nicht nur eine Folge der Persönlichkeit Hitlers. Das Ausmaß dieser Verbrechen war gleichzeitig darauf zurückzuführen, daß Hitler sich als erster für die Vervielfachung der Mittel der Technik bedienen konnte.«[2] Eins dieser Mittel war der Film.

In Spandau erzählte Rudolf Heß seinem Mitgefangenen Speer, daß »Hitler einmal, in einer Zeit außenpolitischer Hochspannung, außer sich vor Wut geraten sei, als er bei einer Fahrt durch München entdeckte, daß sein altes Lieblingskino, das ›Fern Andra‹, den Namen gewechselt habe«.[3] Hitler, ein aufmerksamer Beobachter der Massen, die sich zu den schwarzen Kinomessen drängten, erklärte 1938: »Illusionen brauchen sie nicht nur im Kino und im Theater! Vom Ernst des Lebens haben sie sowieso genug.« Der nazistische »Lebensraum« war weniger die Konsequenz der politischen Pläne Bismarcks, auch wenn diese den Hintergrund von Hitlers Vorstellungen abgaben, als vielmehr eine Ausdehnung der Dimensionen der Kinoleinwand auf ganz Europa. Ein Volk, das, wie Leni Riefenstahl sagte, plötzlich einen Horror hatte vor dem Alltäglichen, dem Üblichen, das fasziniert war von der Versuchung durch das Ungewöhnliche, sollte unmittelbarer Zuschauer des Weltgeschehens werden. Hitlers erstes Opfer war der alltägliche Realismus. Seine Verbrechen bleiben unverständlich, wenn man nicht an seine erstaunlichen Bühnenkenntnisse, an sein Interesse für Drehbühnen, Versenkmechanismen und besonders für die verschiedenen Be-

2 Albert Speer, *Erinnerungen*, Berlin 1969
3 Albert Speer, *Spandauer Tagebücher*, Berlin 1975. Die 1915 gegründeten Fern-Andra-Lichtspiele in München, Nymphenburger Straße 136, so genannt nach der Stummfilmschauspielerin Fern Andra, wurden 1938 in Atrium-Lichtspiele umbenannt. (A. d. Ü.)

leuchtungstechniken denkt. »Hitler war vielleicht nicht der große Staatsmann, den wir in ihm sahen«, schreibt sein Minister Speer, »aber er war und bleibt ein Psychologe, wie ich keinem anderen je begegnet bin. Selbst als Oberster Befehlshaber der Wehrmacht dachte er mehr an die psychologische Wirksamkeit einer Waffe als an ihre militärische Schlagkraft.« Das Heulen der Stukas und der Detonationslärm der V 2 waren seine Erfindungen.

Zudem war er, wie Jay Doblin schreibt, einer der größten Erfinder von Markenzeichen seiner Zeit. Die Form des Hakenkreuzes beispielsweise war reich an emotionalen Konnotationen; es war unverwechselbar und zugleich von einer solchen Schlichtheit, daß es bis heute noch wirkt – man denke an die Wandschmierereien unserer Städte.[4] Hitler besaß auch, wie man aus seiner näheren Umgebung weiß, eine gewisse Suggestionskraft. »Selbst wenn man klar wußte, daß etwas falsch war, was er sagte, war es dennoch richtig, weil er es sagte«, erinnert sich Veit Harlan, der auch von Hitlers Fakirwirkung und seinen Beziehungen zu Hanussen berichtet und diese Rede wiedergibt, die Hitler Emil Jannings hielt: »Sehen Sie, Herr Jannings, wenn ich vor den Leuten stehe und zu ihnen spreche, dann bin ich in der *Einatmung*. In der habe ich meine natürlichen Abwehrkräfte!« Nie werde man auf ihn schießen, »solange ich es nicht will, solange ich meine Abwehrkräfte *in Funktion setze*!« Harlan berichtet, wie er danach begann, Hitler mit einer geradezu gefräßigen Neugier zu beobachten, weil er sich als Regisseur und Schauspieler Gedanken über die Macht des Atems gemacht hatte. Harlan fiel auch auf,

4 Rudolf Arnheim weist jedoch darauf hin, daß die abstrakte Zeichnung des Hakenkreuzes eines erklärenden Kontextes bedurfte. »Ich erinnere mich, daß, als Hitler Mussolini in Rom besuchte und die Stadt plötzlich mit Naziflaggen bedeckt war, eine junge Italienerin erschrocken ausrief: ›Die Stadt wimmelt von schwarzen Spinnen.‹«

daß Hitlers Suggestionskraft nur im realen Leben wirkte, in den zahllosen Wochenschauaufnahmen, die von ihm gemacht wurden, davon aber nichts überkam.

Zur Verwirklichung seiner politischen Pläne brauchte Hitler die Leute vom Film und vom Theater, mehr noch aber solche, die es verstanden, das deutsche Volk im Alltag in eine Masse von Visionären zu verwandeln, »einem Gesetz gehorchend, das sie nicht einmal kannten, das sie aber im Traum hätten aufsagen können« – so Goebbels 1931. Während Roosevelt mit dem New Deal über Rundfunk und Kino den »Krieg auf dem Inlandsmarkt« führte, um die amerikanische Produktionsmaschine wieder anzukurbeln, inszenierte Hitler eine Million deutscher Arbeitsloser, indem er den Krieg als Superproduktion auf vollen Touren laufen ließ. Andere führten Krieg, um ihn zu gewinnen; die Deutschen und ihre Herren, könnte man sagen, bewegten sich bereits in einer Welt, »in der nichts mehr einen Sinn hat, weder das Gute noch das Böse, weder die Zeit noch der Raum, und in der das, was andere Erfolg nennen, kein Maßstab mehr ist«, wie Goebbels schrieb.

1934 beauftragte Hitler Leni Riefenstahl damit, *Triumph des Willens* zu drehen. Der jungen Filmerin stand ein unbegrenztes Budget zur Verfügung, 130 Techniker, 90 Kameraleute, die in Aufzügen, auf Türmen und eigens für diesen Anlaß konstruierten Plattformen placiert wurden, um den nationalsozialistischen Parteitag zu filmen, der eine Woche lang in Nürnberg stattfinden sollte. Ein Film ungekannten Ausmaßes sollte den NS-Mythos in der ganzen Welt verbreiten. Amos Vogel schreibt dazu: »Der verblüffendste Effekt des Unternehmens war die Schaffung einer künstlichen Welt, die völlig real aussah; das Resultat war das erste und bedeutendste Beispiel eines ›authentischen Dokumentarfilms‹ über ein Pseudoereignis. Die Vorstellung ist schwer zu fassen, daß dieses riesige Treffen – mit einer Million Statisten, mehr also als in *Intolerance* und *Cleopatra* auftraten – in erster Linie für den Film inszeniert wurde.« »Die Vorbereitungen zum Parteitag gingen Hand in Hand mit den Vorbereitungen für die Filmaufnahmen«, heißt es in der von Leni Riefenstahl gezeichneten Broschüre *Hinter den Kulissen des Reichsparteitag-Films,* woraus Siegfried Kracauer geschlossen hat, »daß der Parteitag nicht nur als spektakuläres Massentreffen geplant war, sondern auch als spektakuläre Filmpropaganda«.

Zugleich erteilte Hitler dem Architekten Speer den Auftrag, die »realen Bauten« seiner politischen Superproduktion zu entwerfen. Speer, erst Generalbauinspektor, wurde nach dem Tod von Fritz Todt 1942 zum großen Planer des totalen Krieges. Die beiden Aufgaben widersprachen einander weniger, als es zunächst scheinen mag. Speer ließ das schon 1938 in seiner *Theorie vom Ruinenwert* erkennen. Darin spricht er dem Architekten eine kinematische Aufgabe zu, die der des Heerführers ähnelt: in einem Bauwerk festzulegen, was in dem, was sich bewegt, bleiben soll; in der Konzeption eines Bauwerks sollte die Art seiner Zerstörung vorweggenommen werden, um »Bauten zu ermöglichen, die im Verfallszustand, nach Hunderten oder Tausenden von Jahren etwa den römischen Vorbildern gleichen würden«. Im selben Jahr ordneten Hitler und Speer, als könnten sie es nicht erwarten, den Dekor der Tragödie zu besichtigen, an der sie arbeiteten, die Zerstörung des Zentrums von Berlin an, das, ehe es noch zum Schlachtfeld, schon zum Trümmerfeld werden sollte.

Speers architektonisches Werk, das von den zyklopischen Projekten de Boulées und den Caracalla-Thermen inspiriert scheint, sollte kaum länger halten als eine Filmdekoration, etwa die von *Intolerance,* die man stehenließ, weil es zu teuer gewesen wäre, sie abzubrechen. Bald schon baute Speer nicht einmal mehr, sondern begnügte sich mit projizierter Architektur. Als er in Hitlers Auftrag die gigantischen Perspektiven des Aufmarschplatzes auf dem Nürnberger Zeppelinfeld plante, ersetzte er die Steinsäulen seines ersten Entwurfs durch die Lichtsäulen von einhundertfünfzig Flakscheinwerfern, die, senkrecht zum Himmel gerichtet, der Menge den Eindruck vermitteln sollten, sich in einer Versammlungshalle mit sechstausend Meter Deckenhöhe zu befinden, die sich beim Morgengrauen im Raum auflöste.

Als endlich der Blitzkrieg in Europa begann, wurden in den deutschen Ateliers weiter die sentimentalen Filme gedreht, auf die das Publikum schon lange vor der Machtergreifung der Nazis erpicht gewesen war, zum Ärger von Goebbels, der sich ein realistisches Kino »mit scharfen völkischen Konturen« wünschte. Immer mehr Musikfilme wurden gedreht, Revuefilme, Heimatfilme, die das Leben auf dem Land und den »einfachen und tatkräftigen« deutschen Menschen feierten, ein Kino von gestern – während die »Stahlfront« der Stoßbrigaden Guderians und Rommels das reale Kino der *Unsterblichen der Polis* aufführten, die Kriegsisobare, in der sich die Gründungsriten der Festung Europa vollzogen.

Das Oberkommando hatte gut vorgesorgt: im deutschen Heer war jedem Zug ein Kameramann zugeteilt, und diesen begabten und mutigen Männern gelang, woran Griffith im Ersten Weltkrieg gescheitert war. Jedes Regiment hatte seine eigene Propagandakompanie, in der Film, Heer und Propaganda koordiniert waren, das heißt, Bild, Taktik und Szenario. Ihr oblag es, die Information augenblicklich zu ordnen und zu bearbeiten. »Mancher wundert sich, wie es möglich ist, daß ein Ereignis, das Hunderte von Kilometern entfernt mitten in Feindesland stattgefunden hat, schon am nächsten Tag Gegenstand von Reportagen und Rundfunkberichten sein kann«, gab 1941 ein Journalist der *Berliner Illustrirten* zu bedenken. Filme wie *Feuertaufe*, der Bericht über den Einfall in Polen, mit dem ausländische Zuschauer in Furcht und Schrecken versetzt und ihnen die Überlegenheit der deutschen Wehrmacht vor Augen geführt werden sollte, bestanden zur Gänze aus Wochenschauaufnahmen. »Bilder ohne unmittelbare dramatische Spannung, deren treffender Schnitt, der mehr oder weniger weit auseinanderliegende Ereignisse verbindet, und deren Kommentierung den Zuschauer dem vibrierenden Rhythmus des großen historischen Ereignisses aussetzen soll«, schrieb *Signal*.

Die Arbeit der Propagandakompanien setzte so die Filme von Leni Riefenstahl fort, in denen, wie sie sagte, alles wahr ist, sich aber abspielt in einer intensiven Zeit, die sich jetzt der realen Zeit des Blitzkriegs, der echten Geschwindigkeit des technischen Angriffs annähert.

1943 entschlüpfte dem gealterten und durch Krankheit gezeichneten Roosevelt auf der Konferenz von Casablanca die Forderung nach der bedingungslosen Kapitulation, dem totalen Krieg.[5] Die alliierten Luftstreitkräfte wendeten nun eine neue Strategie an, das Flächenbombardement, das darauf gerichtet war, nicht mehr nur bestimmte Ziele, sondern ganze Gebiete auszulöschen. Die Operation Gomorrha zerstörte Hamburg in einem Feuersturm; der Angriff auf die Talsperren nahe dem Ruhrgebiet bewirkte eine apokalyptische Überschwemmung. Die Masse der deutschen Überlebenden wurde nun zur Komparserie

---

5 Vgl. Anthony Cave Brown, *Bodygard of Lies*, London 1976 (deutsch *Die unsichtbare Front*, München 1976). Eine volkstümliche Auswertung von Archivmaterialien, die unzugänglich geblieben waren, bis Anfang 1975 »in Washington fast alle Barrieren fielen« und die »Geheimdokumente, die Tarnungs- und Täuschungsoperationen, sowie Angelegenheiten der Kryptanalyse aus dem Zweiten Weltkrieg betrafen«, freigegeben wurden.

eines Pan-Kinos, das ebenso total war wie der Krieg selbst. Die Bevölkerung rezipierte diesen Krieg als ein immer großartigeres Schauspiel, das den Superproduktionen Hollywoods und deren biblischen Kataklysmen in nichts nachstand. Dafür waren sie bereit, wenn es der Führer befahl, sechzehn Stunden täglich zu arbeiten.

Am 18. Februar 1943 hielt Goebbels seine historische »Rede zum totalen Krieg«. Speer und Goebbels, der Ruinenarchitekt und der Propagandaminister, versuchten gemeinsam, den Widerstand der Parteispitze zu überwinden, die sich, wie Hitler, einer Radikalisierung der Situation widersetzte. Goebbels wendete sich in den Teilnehmern der Sportpalastkundgebung an die Gesamtheit der Deutschen: »Die Engländer behaupten, das deutsche Volk wehrt sich gegen die totalen Kriegsmaßnahmen der Regierung. Es will nicht den totalen Krieg, sagen die Engländer, sondern die Kapitulation! Ich frage euch: Wollt ihr den totalen Krieg? Wollt ihr ihn, wenn nötig, totaler und radikaler, als wir ihn uns heute überhaupt erst vorstellen können?« Die begeisterte Zustimmung der Versammlung machte den Weg frei, und Goebbels schloß: »Nun, Volk, steh auf – und Sturm, brich los!« Damit weitete der Krieg sich nicht mehr nur räumlich aus, sondern ergriff die gesamte Wirklichkeit, ohne Grenze und Ziel.

Im Verlauf des Winters 1942/43 wurde die 6. Armee des Generals von Paulus um Stalingrad eingekesselt und vernichtet, ein entscheidender Sieg, mit dem die Sowjets ihren Gegenangriff begannen. Bis Ende 1943 wurde Berlin von alliierten Bombenangriffen schwer getroffen. Von da an hielt ein Teil auch der deutschen Führung die Niederlage für unausweichlich. Da aktuelle Erfolge immer seltener wurden, ordnete Hitler eine Rückblende auf die zu Kriegsbeginn errungenen Siege an. Er befahl Veit Harlan, in

Norwegen einen historischen Film über die heftigen Kämpfe zu drehen, die sich Deutsche und Alliierte drei Jahre zuvor um Narvik geliefert hatten. Dabei sollte der General Dietl sich selbst spielen. Harlan flog nach Narvik, aus dessen Fjorden noch die verrosteten Gerippe der gesunkenen deutschen und englischen Schiffe herausragten. Die Stadt selbst war nur noch ein Trümmerfeld, das die Soldaten der Wehrmacht besetzt hielten. Die Engländer waren über Hitlers Filmprojekt sofort informiert. Sie wußten, daß mehrere Kriegsschiffe und hundert Flugzeuge Harlan zur Verfügung stehen und Tausende von Soldaten abspringen sollten. Die Wehrmachtoffiziere erklärten Harlan, der Fall von Narvik habe für die Engländer nicht nur eine verlorene Schlacht, sondern auch einen großen Prestigeverlust bedeutet; bei Filmaufnahmen größeren Stils sei mit Störungen durch die Home Fleet und andere militärische Aktionen zu rechnen. Warum sollten die Briten auch nicht mitwirken wollen bei einem Remake der Schlacht von Narvik, wenn dessen Ausgang für sie günstiger zu werden versprach? Dann erfuhr Harlan, daß die Engländer übers Radio gemeldet hätten, er würde die Schlacht um Narvik filmen und sie würden dafür sorgen, daß er ein sehr blutiges Bild vor die Kamera bekäme. Die deutschen Offiziere, wiewohl dem Führer treu ergeben, waren nicht begeistert: »Fürs Vaterland zu sterben schien ihnen logischer als fürs Kino zu sterben«, stellt Harlan fest; »die Admirale Raeder und Dönitz und auch Göring wurden bei Hitler vorstellig und hatten Erfolg. Das mit soviel Nachdruck von Hitler selbst befohlene Filmvorhaben geriet in Vergessenheit.«[6] Goebbels war tief enttäuscht. Harlan gegenüber äußerte er, die Ausbeute an aufregenden Dokumenten

---

6 *Souvenirs ou Le Cinéma Allemand selon Goebbels*, Paris 1974. Die Stelle fehlt in der deutschen Ausgabe. (A. d. Ü.)

wäre sicher reich gewesen. Bei einem Angriff der Engländer hätte er jedenfalls mehrere Wochenschaureporter an den Schauplatz entsandt.

Bald darauf ordnete Hitler die Herstellung des Films *Kolberg* an; die erste Klappe fiel am 28. Oktober 1943. Während die Wehrmacht an allen Fronten auf dem Rückzug war, befahl der Führer, daß sie Harlan jede nur erdenkliche Unterstützung zu gewähren habe. Trotz akuten Mangels auf allen Gebieten wurden sechstausend Pferde und mehr als zweihunderttausend Mann für die Schlachtszenen abgestellt, ganze Wagenladungen von Salz waren nötig, um die Hafenmole verschneit erscheinen zu lassen. Während in der Realität Berlin von Luftangriffen vernichtet wurde, rekonstruierte man in seiner Umgebung Teile von Kolberg, damit Napoleons Kanonen sie zerstören konnten. Sechs Kameras, eine davon auf einem Schiff und eine in einem Fesselballon, nahmen gleichzeitig den Untergang der Stadt auf; dreißig Feuerwerker waren für die zahllosen Explosionen zuständig, und für eine Überschwemmung wurde ein Flüßchen in eigens dafür gegrabene Kanäle umgeleitet – ein elektrisches Fernsteuerungsgerät löste Sprengladungen unter der Wasseroberfläche aus. Als der Film im Januar 1945 vorführfertig war, lagen die Berliner Premierenkinos in Schutt und Asche.

Am 30. April verließ Hitler seine Bilderhölle und nahm sich in der Camera obscura des Bunkers der Reichskanzlei das Leben. Zeugen berichten, er habe sich in den letzten Tagen wieder mit Architekturzeichnungen beschäftigt und, als er an sonst nichts mehr interessiert war, Pläne für ein neues Berlin entworfen, das sich aus den Trümmern aufrichten sollte wie die Mauer der Brüder Lumière. Die gewöhnlichen Visionäre des Dritten Reiches versuchte man mit einer strengen Entnazifizierungskur aus ihrer Trance herauszuholen. Die Überlebenden versicherten, sie verstünden gar nicht, was ihnen widerfahren sei; andere, die Faurissons, schworen bald schon, es sei überhaupt nichts passiert.

Es geht hier nicht um eine Filmographie, sondern um die Darstellung der Osmose von Krieg und industriellem Kino, und unter diesem Aspekt sind die ernsthaftesten Kriegsfilme oft die groteskesten. Die militärischen Techniken hatten zu Beginn des Jahrhunderts selbst noch etwas Komisches. Fritz von Opels Flugzeug, das, von Schießpulverraketen angetrieben, 1929 vom Frankfurter Flugfeld abhob, hatte etwas von Méliès, ebenso der Düsenschlitten von Max Valier.

Auch zwischen den Science-fiction-Geschichten des jungen Wernher von Braun und dem Drehbuch zu *Frau im Mond* von Thea von Harbou und Fritz Lang bestehen nur geringe Unterschiede. Der arme Studienrat Hermann Oberth, dessen Arbeiten über Raketen nur auf Unverständnis und mitleidiges Lächeln gestoßen waren, hätte gut dessen Hauptfigur abgeben können. In der Hoffnung, die Ufa würde ihm seine eigentlichen Experimente finanzieren, arbeitete er an der technischen Konzeption des Films mit, und schließlich bezahlte Fritz Lang, der die Auseinandersetzungen mit dem Produzenten leid war, Oberths Experimente zur Hälfte aus eigener Tasche. Der Film kam am 30. September 1929 heraus, aber ohne den ursprünglich dafür vorgesehenen Werbegag: den Start einer echten Rakete am Strand von Horst in Pommern, bei dem sich der Flugkörper in eine Höhe von vierzig Kilometern erheben sollte. 1932 wurde die Düsenforschung zum militärischen Geheimnis erklärt und Langs Film beschlagnahmt – er war nun in den Bereich der Wahrscheinlichkeit gerückt. Als Wernher von Braun und Dornberger am 7. Juli 1943 Hitler den Film vom wirklichen Start der A-4-Rakete vorführten, bemerkte der Führer bitter:

»Warum habe ich nur am Erfolg Ihrer Arbeiten gezweifelt? Wenn wir diese Rakete 1939 gehabt hätten, hätten wir keinen Krieg zu führen brauchen. Angesichts einer solchen Rakete muß man zugeben, daß Europa und die Welt in Zukunft zu klein sind für einen Krieg.«

Seit kurzem erst ist klar, daß die Alliierten den Zweiten Weltkrieg zum Teil auch deshalb gewonnen haben, weil sie das Wesen des nazistischen »Lebensraums« begriffen hatten. Sie konnten Hitlers Macht in ihrem Kern treffen und seine charismatische Unfehlbarkeit unterminieren, indem sie sich an die Spitze der Erforschung und Anwendung kinematischer Techniken setzten.

Diese ersetzten das vom Szenario aufgegebene Rätsel durch das technologische Rätsel, das zum eigentlichen Konzept des realen Krieges wurde – dies war beispielsweise die einzigartige Geschichte von Enigma und dessen technischer Antwort Ultra, die deutsch-englische Schlacht der Dechiffriermaschinen.[7] Hier, und nicht mehr im mörderisch-selbstmörderischen Mann gegen Mann, entscheidet sich hinfort das Schicksal der Waffen. Die umfassende Wirkung dieser Mittel ließ selbst die Entscheidung auf dem Schlachtfeld als überholt erscheinen. Dem Blick Napoleons – und Griffith' – hatte sich das Schlachtfeld unmittelbar dargestellt; Vorhersage und Entscheidung waren im Augenblick möglich; Organisation und Kontrolle funktionierten mit hoher Geschwindigkeit, ohne daß das kleinste Detail vernachlässigt wurde. Aber als sich der

7 Präsident Truman ordnete in einer Denkschrift vom 28. August 1945 an, daß »Informationen, die den früheren oder gegenwärtigen Status, die Technik oder die Prozeduren, die Ergebnisse oder besonderen Erfolge der Arbeit kryptanalytisch tätiger Dienststellen betreffen«, der Öffentlichkeit nicht zugänglich gemacht werden dürften. Wäre es zum Krieg mit den Russen gekommen, hätten Ultra und LCS erneut eingesetzt werden müssen.

napoleonische Krieg 1812 auf die Dimensionen Rußlands ausdehnte und allein auf französischer Seite eine halbe Million Soldaten das Schlachtfeld bevölkerte, brach diese Art visueller Organisation logistisch zusammen. Die Zeit war nun definitiv vorbei, in der Friedrich II. an Ort und Stelle eine Schlachtordnung in Lebensgröße sich bilden und entwickeln sah, so regelmäßig, in ebenso geometrischen Figuren, wie sie zuvor auf dem Papier gestanden hatten. Nun bestanden die Heere aus zahlreichen beweglichen Einheiten, die im Verlauf des Kampfgeschehens nicht ohne Schwierigkeiten Kontakt hielten, gelenkt von Befehlen, die außerhalb ihres eigenen Gesichtsfeldes erteilt wurden.

Um die objektive Realität einer großen Schlacht zu erfassen, hätte das Kamera-Auge – Napoleons, Griffith' – nicht das eines Generals oder Bühneninspizienten, sondern ein Monitor sein müssen, mit der Fähigkeit, eine weitaus größere Zahl von Fakten und Effekten, als sie das menschliche Auge und Gehirn an einem Ort und zu einer Zeit wahrzunehmen in der Lage ist, aufzuzeichnen, zu analysieren und in den Dekor wieder einzuspeisen. Die bei den neuen geopolitischen Dimensionen der Schlachtfelder erforderlichen Prognosen verlangten eine regelrechte Kriegsmeteorologie. Die Video-Idee wurde schon akut, als der Blick des militärischen Voyeurs durch seine Langsamkeit gehindert wurde, das durch die dynamische Revolution von Waffen und Massentransportmitteln rapid sich ausdehnende Aktionsfeld zu durchmessen. Nur der technische Vektor konnte diese von ihm selbst hervorgerufene Tendenz mit neuen Mischtechniken auffangen. Als die Nähe dank der Prothesen der beschleunigten Reise – der Geschwindigkeits-Aktivität, wie Napoleon sagte – irrelevant wurde, ergab sich die Notwendigkeit, ein vollständig simuliertes Erscheinungsbild herzustellen, die dreidimen-

116

sionale Wiedergabe der Totalität der Information; die Bewegungslosigkeit, die der militärische Entscheidungsträger mit dem Zuschauer teilte, erforderte eine holographische Prothese, die ihren einmaligen Blick in Zeit und Raum in ständigen Blitzen in jede Richtung des Raums und der Zeit vervielfältigt. Was sich schon im *flashback* zeigte und dann im *feedback*, die Miniaturisierung des chronologischen Sinns, war das unmittelbare Ergebnis einer militärischen Technologie, bei der sich seit jeher die Ereignisse in theoretischen Zeiten abspielten, bei der, wie später beim Kino, nie ein einziges Zeit- und Raumprinzip das Geschehen strukturierte, sondern dessen relative und akzidentielle Verzerrung: die Fähigkeit zum Gegenschlag hing immer schon ab von der Fähigkeit zur Vorhersage.

Was Abel Gance im Ersten Weltkrieg ganz richtig verstanden hatte.

17 Adolf Hitler probt seine Volksrednerposen.

18 Reklame in der Zeitschrift *Signal*, 1941.

19 Britische Reklame für einen Luftschutzunterstand, 1941.

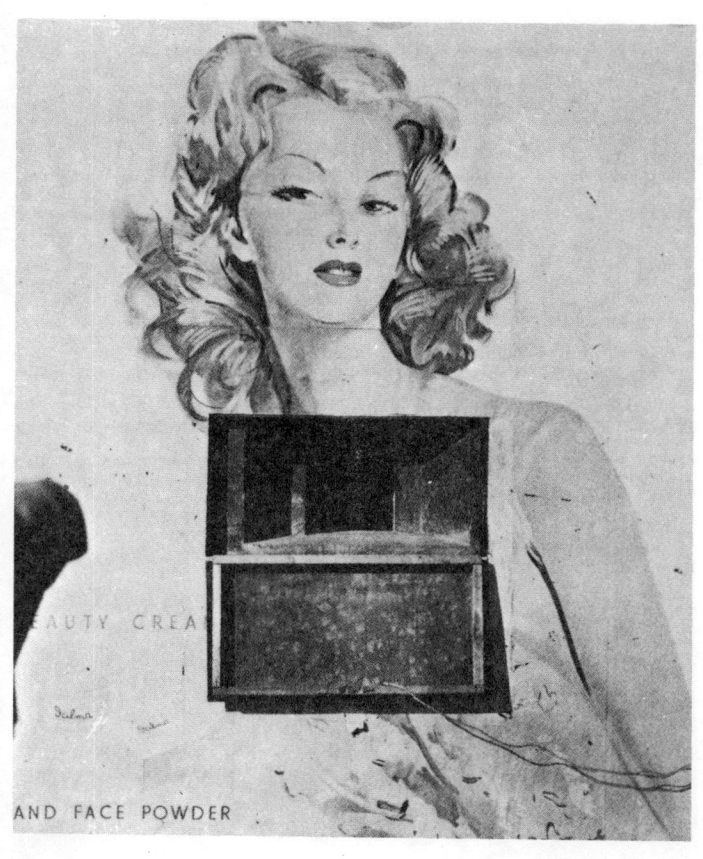

AUTY CREA

AND FACE POWDER

20 Kosmetikreklame, die zur Tarnung eines britischen Küstenstütz-
punkts dient. 1940.

21 Deutscher Flakscheinwerfer. Zweiter Weltkrieg.

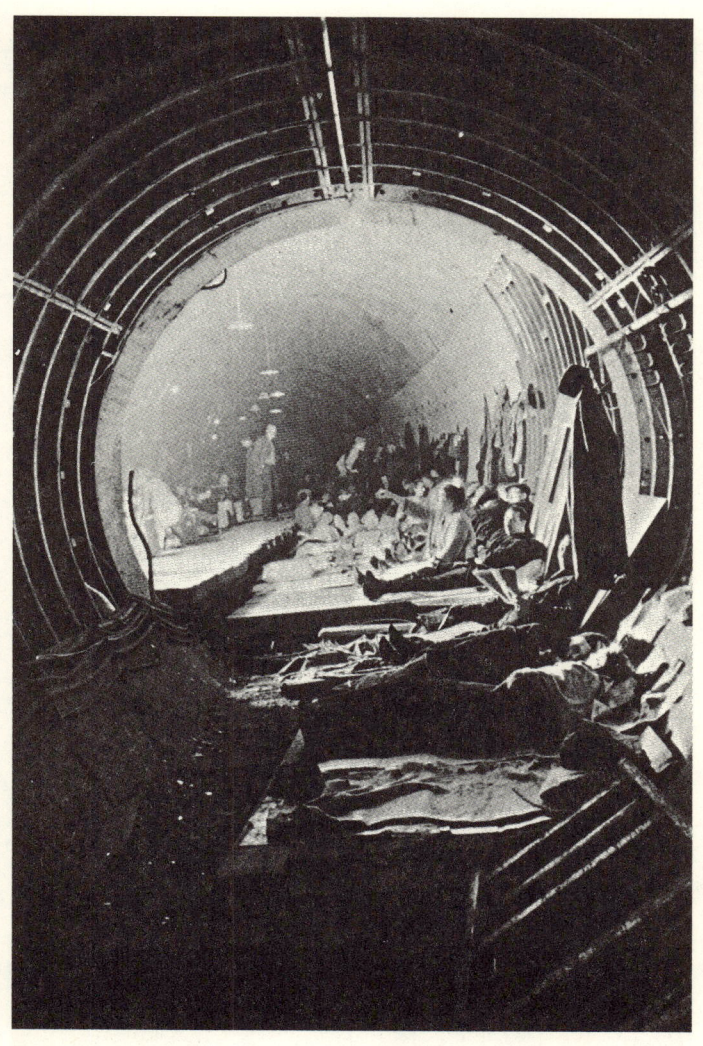

22 Tunnel der Londoner Untergrundbahn als Luftschutzraum für die Zivilbevölkerung.

23 Kameramann in der Bugkanzel eines Lancaster-Bombers, 1943.

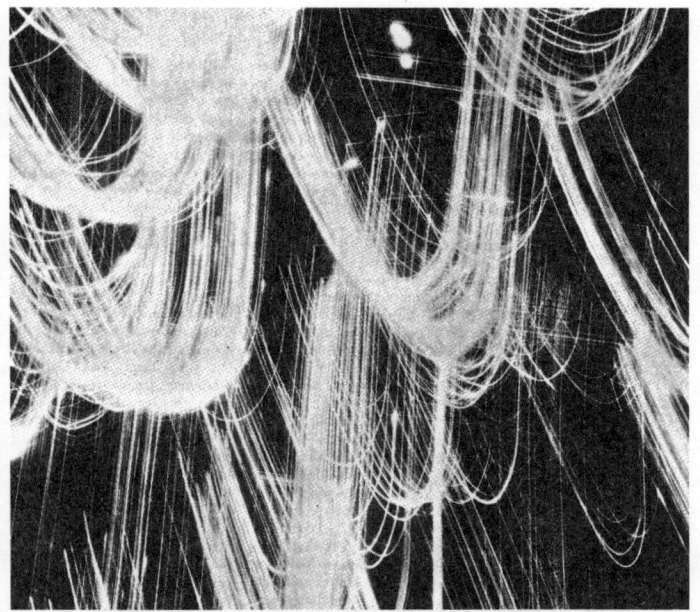

24 Nachtaufnahmen vom Luftangriff auf Essen, 4. April 1943. Diese
Spezialeffekte, von den alliierten Fliegern »silberne Leichentücher« genannt, gehörten zu den Folgen der intensiven deutschen Luftabwehr.

25 Nach einem Nachtangriff auf Deutschland, 1943, betrachten britische Piloten der Path-Finder-Force das Ergebnis ihres Einsatzes.

26 Tafel mit Einsätzen der amerikanischen Luftaufklärung.

27 Das Auswechseln der Kameras im Bug einer amerikanischen F-5. Mount Farm, England, 1. Juli 1943.

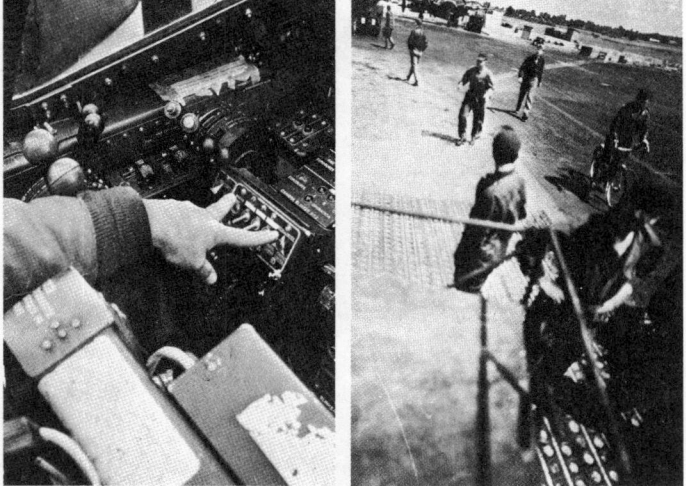

28 Der Pilot geht an Bord seiner zweimotorigen Maschine.
29 I. Kameratest für die Synchronität von Aufnahme- und Fluggeschwindigkeit. Es ist von entscheidender Bedeutung, sich vor dem Start
zu vergewissern, daß das Film-MG synchron feuert und filmt. In der Luft
bestimmen die Feuerabstände der Bordwaffen automatisch die der Kamera; der Pilot bekommt dadurch freie Hand zum Steuern seiner Maschine. Mount Farm. – II. Was die Probeaufnahme zeigt.

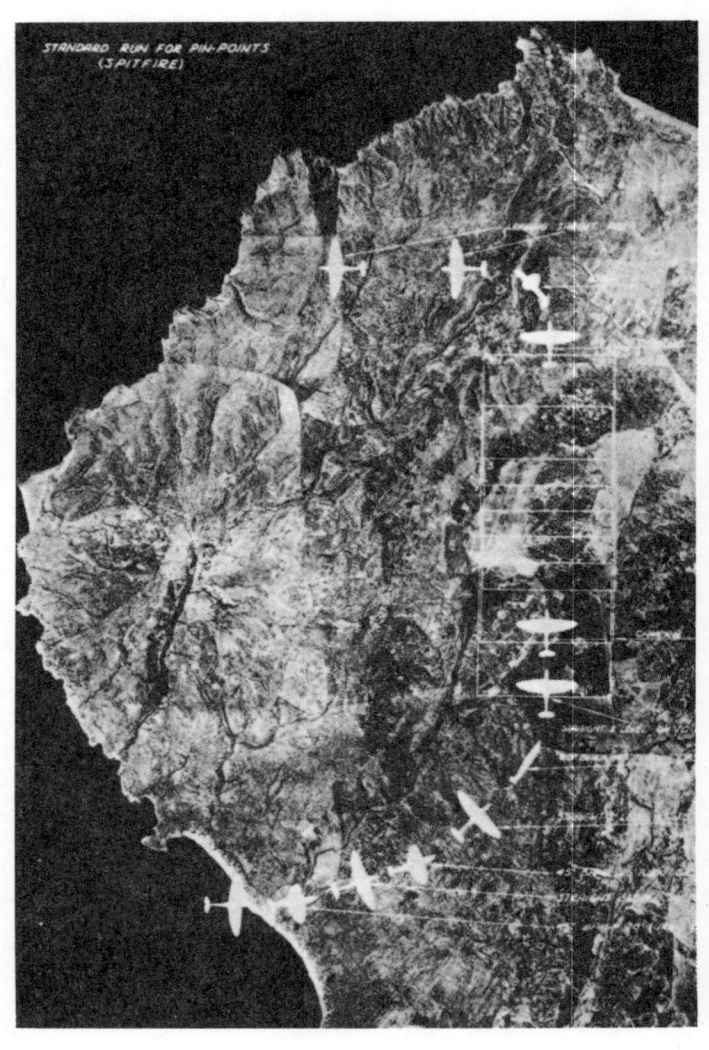

30 Kurs und Aufnahmen einer Spitfire.

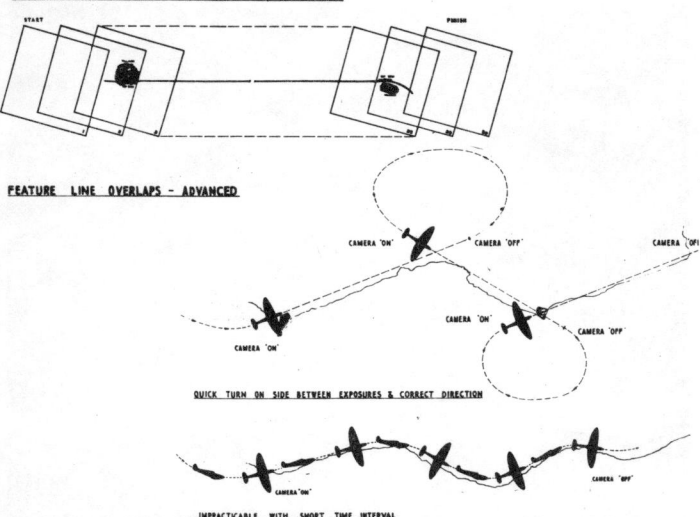

31 Darstellung der Flugphasen, nach Höhe und Richtung, die das gute photographische Erfassen eines militärischen Ziels gewährleisten.

32 Amerikanische Offiziere studieren die Abzüge eines Luftaufklärungsfilms, die aus einem *Multiprinter Williamson* kommen. Mount Farm, England, 1. Juli 1943.

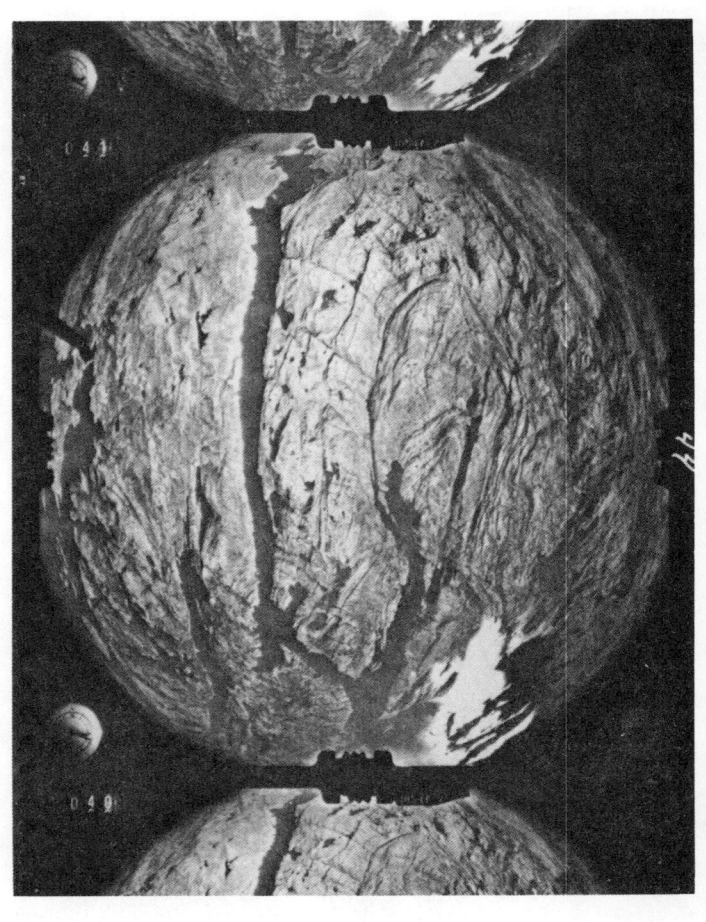

33 Luftbilder von Norwegen, aufgenommen mit einem 142-Grad-Objektiv, 1943.

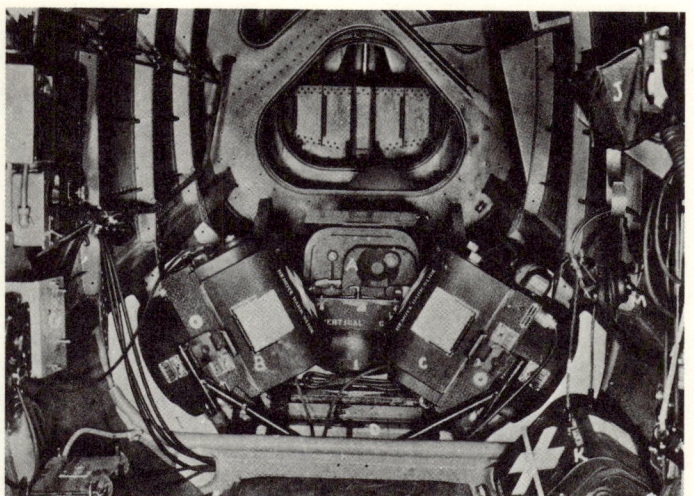

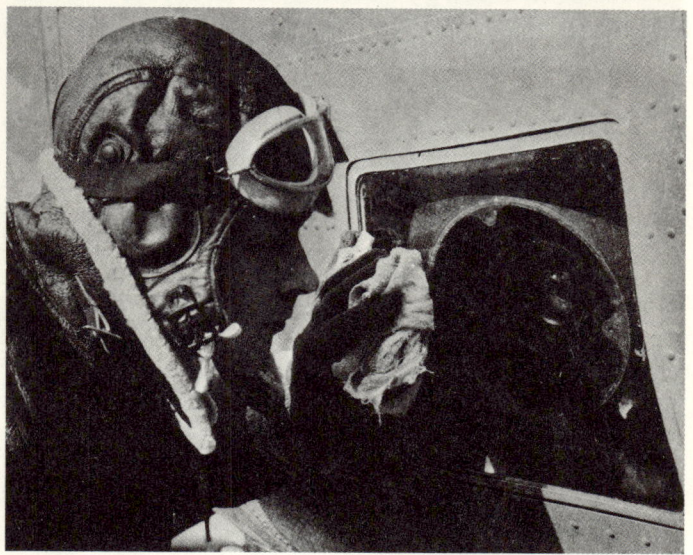

34 Das Kamerasystem »Trimetrogon« – zwei geneigte Kameras, eine senkrechte – an Bord einer B 17 der US Air Force.

35 Ein Kameramann beim Säubern der Schutzscheibe vor dem Objektiv einer Trimet-Kamera an Bord einer B 17.

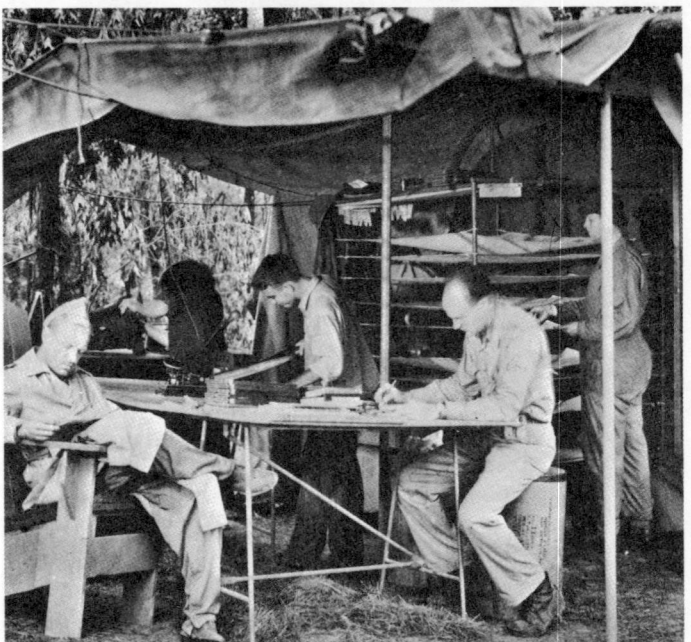

36 Die Hughes XF 11. Der Prototyp eines Aufklärers, der 1944 von Howard Hughes entwickelt wurde. Zwei Jahre später verunglückte Hughes mit ihr bei einem Probeflug.

37 Ein Feld-Photolabor der amerikanischen Armee in Chattanooga, 1940.

38 Einbau einer Kamera in eine Liberator. Guadalcanal, 1943.

39 Ein von der US Navy in Rendova, auf den Salomon-Inseln, einge-
richtetes kleines Labor. Die Tarnung weist auf die Nähe der Front hin.
Juni 1943.

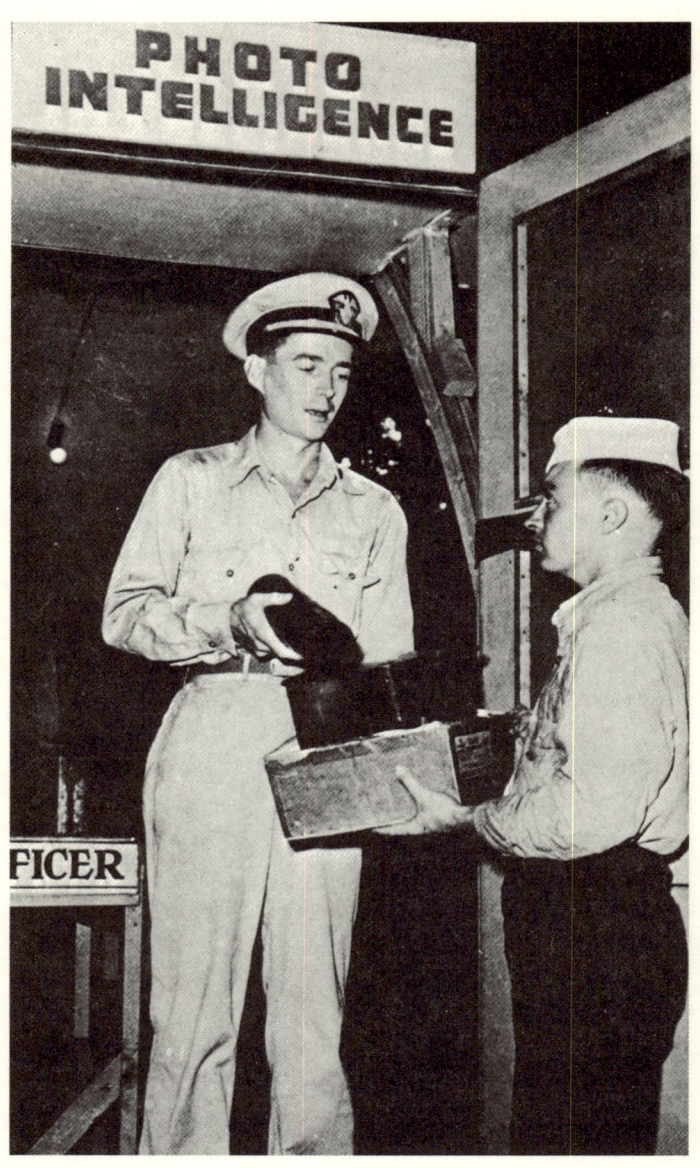

40 Labor in Guadalcanal. Offizier übergibt einen Großbildfilm zur Vernichtung. 1943.

41 Amerikanische Photo-Interpretation der Ergebnisse eines Angriffs auf Weimar-Buchenwald am 24. August 1944. Die schwarz markierten Gebäude gelten als ernsthaft beschädigt. Das Konzentrationslager, oben rechts, ist nicht betroffen.

»Sicut prior es tempore ita quo potior iure«
(Zeitvorteil bedeutet Rechtsvorteil)

Römischer Rechtssatz

Die wechselvollen Schicksale der verklärten Krieger enden nie. Ihre Geister spuken auf der Leinwand, oder sie reinkarnieren sich in einer Kriegsmaschine, vorzugsweise einem Schiff, wie der Tirpitz, die 1943 in einem Fjord versank und deren technische Seelenwanderung in einem Film gefeiert wird. Der amerikanische Admiral Nimitz, von 1942 bis 1945 Oberbefehlshaber der amerikanischen Streitkräfte im Pazifik, hat einem atomgetriebenen Flugzeugträger seinen Namen hinterlassen, der ebenfalls im Mittelpunkt eines Films steht.[1] In diesem Stück Fiktion, dessen Thema der Zeitenkrieg ist, ist die japanische Flotte noch unterwegs zum Angriff auf Pearl Harbor, als sie von der modernen Nimitz aufgespürt wird – eine Störung des zeit-räumlichen Vortex hat den Flugzeugträger um ein halbes Jahrhundert in die Vergangenheit versetzt, und ihr Kommandant steht nun vor dem Problem: soll er den Luft- und Seeangriff auf Pearl Harbor verhindern oder aber der Geschichte ihren Lauf lassen?

Interessant an dieser Fiktion ist die Entscheidungskrise, die in der wenig friedlichen Koexistenz verschiedener Technologien ihren Grund hat. Woher soll der Kapitän der Nimitz die Befehle nehmen: vom Oberkommando der Pazifikstreitkräfte, dem 1941 noch keine Einheit mit dem Namen Nimitz bekannt ist, auch der Admiral nicht, der den Oberbefehl erst im darauffolgenden Jahr übernehmen wird, oder vom Pentagon bzw. vom State Department des

---

1 *The Final Countdown (Der letzte Countdown)*, 1980, Regie Don Taylor (A. d. Ü.)

Jahres 1980? Wie in der authentischen Geschichte des Narvikprojekts zeigt sich hier das Bestreben, die militärische Macht zu beiden Seiten eines hypothetischen Zeitzentrums auszuweiten, diesseits der Grenzen von Vergangenheit, Gegenwart und Zukunft, und dabei die Relativität als Kriegsmanöver zu benutzen. Im Film funktioniert der Atomflugzeugträger Nimitz wie ein Beobachtungsturm auf die historischen Zeiten; die Kommunikations- und Identifikationsmittel des modernen Kampfs werden gegenüber der Geschichte als Präventiv- und Identifikationsmittel eingesetzt. Indem es den Zuschauer die differentielle Dauer spüren läßt, deren Träger jedes technische Objekt ist, ruft das neue Katastrophenmedium einen spannenden Zeitreliefeffekt hervor, bei dem die Kriegsmaschine die materielle Kriegszeit einer militärisch-industriellen Propaganda wiedergibt, deren unfreiwillige Figuren wir sind.

Die Briten, die dank der von ihnen erfundenen *Fleet in being* zwischen den beiden Weltkriegen Ozeane und Kontinente beherrschten und große Summen zur Erforschung von Kommunikation und Detektion aufwandten, sind besonders empfänglich für diese Art retro- und prospektiver Spezialeffekte. Leslie Howard, der große englische Schauspieler, der 1939 Hollywood verließ, um sich seinem Land zur Verfügung zu stellen, hatte 1930 in einem seltsam hellseherischen Film mitgewirkt. In *Outward Bond* wissen die Passagiere einer Linienmaschine nicht, zu welchem Ziel sie unterwegs sind, bis ihnen klar wird, daß sie längst tot sind und das Flugzeug sie in eine andere Welt befördert – dreizehn Jahre später verschwand die DC3 Ibis mit Leslie Howard an Bord mitsamt allen ihren Passagieren spurlos.

Im Oktober 1939 gab Howard sich alle erdenkliche Mühe, der englischen Regierung die Herstellung von Propagandafilmen nahezulegen. Das überlasse man besser den Amerikanern, hieß es indes, in England fehle es doch an allem. Man bot ihm den Posten eines Verbindungsmannes an, wie ihn ähnlich Noël Coward in Paris bei der französischen Regierung innehatte, wo er damit beschäftigt war, die nazistische Propaganda zu entschlüsseln. Howard lehnte ab und legte Whitehall den Entwurf zu einem Film vor, den er unbedingt drehen wollte. Sein Thema war ein Dokument aus dem britischen Weißbuch über den Ausbruch der Feindseligkeiten, Sir Neville Hendersons Versuch, gegen die Taktik Ribbentrops den Frieden in Europa zu retten. Howard wollte daraus ein gefilmtes Dokument machen, unter Verwendung von Wochenschauaufnahmen, aber mit Schauspielern in den Hauptrollen. Es sollte zum Ausdruck bringen, wie der Geist schließlich immer über die Gewalt siege. Howard wollte selbst sowohl Hitler als auch Henderson spielen. »Sehen Sie«, erklärte er dem Regierungsvertreter, »niemand hat Lust, Ihr Weißbuch zu kaufen und die Dokumente zu lesen, aber für diesen offiziellen Dokumentarfilm werden die Leute vor den Kinos Schlange stehen.«

Aus der Sache wurde nichts. Statt dessen ging aus verschiedenen Anläufen die Idee zu *Pimpernel Smith* hervor, dem zerstreuten Professor, der die Nazis erfolgreich an der Nase herumführt; Howards Ideen kamen auf unterhaltsame Weise zum Ausdruck, was aber nicht seinen Beifall fand.[2] Er drehte dann mehrere Propagandafilme, darunter, unter Mitwirkung der besten englischen Jagdflieger, Peter Townsend, Bader und Cunningham, die Biographie von R. J. Mitchell, dem Erfinder der Spitfire.

2 Ian Goodhope Colvin, *Flight 777*, London 1957. Howard änderte den Ton der britischen Propaganda. Anders als im Ersten Weltkrieg – man denke an Chaplins *Shoulder Arms*, dessen Urfassung sich gleichermaßen über den Kaiser und Hindenburg, Wilson und Poincaré lustig machte – war der Krieg nicht mehr Gegenstand von Witzen.

1943 präsentierte Ernst Lubitsch dem amerikanischen Publikum *To Be Or Not to Be*, der weitgehend von Leslie Howards authentischen Mißgeschicken inspiriert war und in den Vereinigten Staaten große Empörung auslöste. Kurz zuvor hatte Roosevelt den totalen Krieg ausgerufen, und man sah lieber Superman über Hitler triumphieren als ein paar unbekannte, eher schäbige polnische Shakespeare-Schauspieler ihm ein Schnippchen schlagen. Dabei war diese »respektlose Phantasie« ein ernsthafter und hintergründiger Kriegsfilm, der einiges von der Philosophie der alliierten Geheimdienste verriet. So bezog die englische Führung ihre Ideen – aus denen sie dann noch dreißig Jahre lang ein Geheimnis machen sollte – manchmal tatsächlich aus dem Shakespeare-Theater. Den Plan für die Schlacht von El Alamein beispielsweise, in der Montgomery 1942 über Rommel siegte, entlehnten ein Filmarchitekt, Geoffrey Barkas, und ein Zauberkünstler, Jasper Maskelyne, aus dem *Macbeth*. Die Schwierigkeit bestand darin, starke Armee-Einheiten auf festem Sandboden ohne Deckungsmöglichkeiten heranzuführen. »Beide waren zu der Einsicht gekommen, daß man die Armee nur auf die Art verstecken könne, wie es Malcolm in Birnam Wood getan hatte. Man mußte sich getarnt so langsam nach vorne schieben« – in einer Art taktischer Zeitlupe –, »daß der Gegner auch mit dem schärfsten Auge und dem besten Feldstecher keinerlei Bewegung wahrnehmen konnte.«

Dann hatten die Engländer noch einen genialen Einfall. Die Erkenntnisse der Luftaufklärung hingen – seit dem ausgiebigen Einsatz der Chronophotographie im Ersten Weltkrieg – weitgehend von den Faktoren der individuellen Beurteilung und Interpretation ab. Den Engländern war bekannt, welche Bedeutung für den deutschen Nachrichtendienst die Luftaufklärung über England, dem Aufmarschgebiet für die alliierte Invasion auf dem Kontinent, besaß. Die Aufklärer und Bomber der Luftwaffe stellten Mischsysteme dar, sie waren zugleich Zerstörungs- und Kinomaschinen, gewissermaßen Kriegsfilmproduzenten, und sie nahmen nicht nur das Schlachtfeld, sondern die Gesamtheit des britischen Territoriums auf. Die Alliierten kamen überein, diese Dreharbeiten weniger zu behindern als vielmehr im Gegenteil an der Inszenierung von Hitlers Wochenschau- und Aufklärungsaufnahmen mitzuwirken. Dabei bedienten sie sich nicht mehr der klassischen Tarnung, sondern betrieben eine Art Überexponierung: sie offerierten den feindlichen Kameras Bauten, Kriegsgerät, Massenbewegungen und alle erdenklichen Vorspiegelungen, denen im realen Raum keine Grenzen gesetzt sind. In der entscheidenden Phase der alliierten Invasionsvorbereitungen »glich Ostengland einer gewaltigen Filmkulisse«, schreibt Anthony Cave Brown. Die Landschaft war übersät mit fiktivem Gerät aus Pappmaché, Gummi und Kabeln, wie ein Hollywooddekor. Einfallsreiche Männer wie der Architekturprofessor Basil Spence planten unter Mitwirkung zahlreicher Künstler, Dichter, Bühnen- und Filmtechniker diese Produktion visueller Fehlinformation. Die Filmstudios von Shepperton bei London stellten Attrappen von Panzern und Landungsbooten her; »aus den Schornsteinen kringelte Rauch, auf dem Wasser schwammen Ölflecke, Wäsche trocknete an der Takelung, auch die Mannschaften konnte die Aufklärung ausmachen: alte und kriegsuntaugliche Soldaten . . .«. Der Tonstreifen wurde ebenfalls sorgfältig gestaltet; ein regelrechtes Drehbuch lag ihm zugrunde, dessen kurze Dialoge darauf angelegt waren, von deutschen Funkern jenseits des Kanals abgehört zu werden. Schließlich wurden, um die Wahrscheinlichkeit vollständig zu machen, bekannte Persönlichkeiten, Generäle wie Eisenhower und Montgomery und der König höchstpersönlich, offiziell eingeladen, die falschen Werften, Docks und Schiffe zu besuchen.

In anderen wichtigen Augenblicken unternahmen Doubles von Churchill und führenden Militärs Flugreisen zu frei erfundenen Zwecken. Das Verhältnis zwischen Schauspielern und Politikern in *To Be Or Not to Be*, das groteske Verwechslungsspiel hat so durchaus eine Entsprechung in den Kriegslisten, die die Alliierten ersannen, um Hitler und den deutschen Generalstab hinters Licht zu führen und sie über die tatsächlichen Vorbereitungen geplanter Operationen zu täuschen. Diese Spezialmittel dienten weniger dazu, den Feind zu schlagen, als vielmehr dazu, ihn zu vexieren.

Nach dem Krieg setzten die britischen Abhördienste, die noch aus dem Jahr 1939 stammten, die Entschlüsselung der internationalen Propaganda und ihrer Szenarien fort, diesmal gegenüber den Ostblockstaaten. Die englischen Techniker stellten sich mühelos von der Erfindung militärischer *special means* auf die von kinematographischen *special effects* um. Die alten Shepperton-Studios bastelten weiter an Bauten und Fahrzeugen für Science-fiction-Filme: »Im Sommer und Herbst 1978 waren vier der großen Hallen der Shepperton-Studios – eine davon ist die größte der Welt – mit den Dekorationen für *Alien* belegt. Die 20th Century-Fox wachte darüber, daß nur die direkt mit dem Film befaßten Mitarbeiter während der sechzehnwöchigen Dreharbeiten etwas zu Gesicht bekamen. Es ging darum, das größte Geheimnis der Filmgeschichte zu wahren.«[3] Roger Christian, der Art-director des Films, erinnert sich: »Ridley (der Regisseur Ridley Scott) ließ uns *Dr. Seltsam* vorführen und wiederholte ständig: ›Seht ihr, so möchte ich es haben, ich will nicht zeigen, wie eine richtige

3 Paul Scanlon und Michael Gross, *The Story of Alien, the Motion Picture*, New York 1979

B 52 fliegt, es soll militärisch aussehen . . .‹ Ich verstand, was er sagen wollte; ich hatte das für *Star Wars* gemacht.« Wie schon viele andere Filmfahrzeuge und -schiffe enthielt das Raumschiff Nostromo in *Alien* zahlreiche reale Bestandteile, die von Kreuzern, Panzern und Bombern des Zweiten Weltkriegs stammten. »Das Armaturenbrett beispielsweise war aus Flugzeugtrümmern gemacht und hatte etwa eine Million Schalthebel.«

Die Fiktionsvehikel werden im Kino zum leuchtenden und tönenden Kunststoff einer Art generalisierten technologischen Mischsystems, bei dem man, wie bei realem militärischem Gerät, eine Synthese verschiedenster mehr oder weniger anachronistischer Elemente versucht. »Filmkritik hat keinen Sinn mehr«, sagte mir kürzlich Hanns Zischler, einer von Wim Wenders' Schauspielern, »wir müssen die Realität mit Film durchdringen.« Bei dem neuen Kriegsgerät ist die Wahrscheinlichkeit nicht mehr gesichert; die militärischen Technologien sind zu weit fortgeschritten, wir haben sie aus den Augen verloren; das Geheimnis der technischen Körper vertritt für uns die Attraktion ferner Welten – der Wunsch nach der von den Maschinen bewirkten Nähe wiederholt den trügerischen Schwindel der Unmittelbarkeit. Die Körper der Apparate setzen mit ihren Traumstrukturen, ihrem gehätschelten Profil die Entregelung der Erscheinungen fort; jeder von ihnen scheint von der Hoffnung auf eine extreme Intensität geformt, in der die Aerodynamik unversehens aufhört, Wissenschaft der Luftströmung zu sein, um zu einem logistischen Pantheismus des Zeitstroms zu werden.

In den vierziger Jahren sagte Orson Welles: »Alles, was mit dem Namen Inszenierung belegt wird, ist für mich ein riesiger Bluff. Die Montage ist der einzige Moment, in dem man absolute Kontrolle über einen Film hat.« Francis

Coppola, ein Bewunderer von Abel Gance, teilt mit diesem die Passion für die Techniken militärischer Entscheidungsträger und ihre Art, den Zufall auszuschalten. Nach der Mode der elektronischen Effekte der siebziger Jahre, die es erlaubte, die objektive, »natürliche« Zufälligkeit von Bauten und Maschinerie erheblich zu reduzieren, reduzieren Leute wie Coppola die Zufälligkeit des Drehens selbst mit Hilfe elektronisch vorproduzierter Bilder und Töne auf ein Minimum. Jetzt basieren die Dreharbeiten nicht mehr, wie beim alten Kammerspiel, auf der rigorosen Einrichtung von Zeit und Raum – vielmehr werden, wie beim Hörfunk, die Schauspieler über eine Studioaufnahme in den Film integriert, ihr Bild wird übermittelt, nach dem Willen des Regisseurs eingespielt, der mit Videomonitoren bei sich im Zimmer arbeitet; »so bekommt man«, sagt Coppola, »zum niedrigsten Preis das raffinierteste Produkt«.

Coppolas Entwicklung nach der halben Enttäuschung von *Apocalypse Now* ist interessant. Mehr als *Apocalypse Now* ist der gefühlvolle *One From the Heart* in Wahrheit ein Kriegsfilm; diese neue kinematische Kunst, Schauspieler und Dekors nach Belieben verschwinden zu lassen, ist unverkennbar eine Kunst der Vernichtung. Coppola bedient sich militärischer Entwicklungen auch ganz direkt, wie z. B. des Star, eines von Xerox entwickelten Informationssystems der US-Marine. Auch die Relation zwischen Kosten und Nutzen, auf die er anspielt, läßt an die modernen Waffensysteme denken; vergleichbar ist die von den Militärs gewählte Lösung der Miniaturisierung und Automation, von der Andrew Stratton sagt, sie verlege »die Möglichkeit des Irrtums vom Stadium der Ausführung in das der Planung«.

So bestünde schließlich die Macht des Regisseurs, wie die des Militärs, weniger im Imaginieren als im Voraussehen, im Simulieren und im Memorieren von Simulationen. Nachdem sich für den Entscheidungsträger des totalen Krieges in seiner Kommandozelle der materielle Raum verflüchtigt hat, vollzieht sich nun auch da der Verlust der realen Zeit, »diese Eilverschanzung gegen die Einmischung ins tägliche Einerlei, ins Alltagsleben . . .«.

Wie bei den neuen undurchsichtigen Cockpits, die die Kampfpiloten daran hindern, ihre Umgebung zu sehen, denn »sehen ist gefährlich«, haben der Krieg und seine Technologien allmählich alle theatermäßigen und piktoralen Effekte in der Behandlung des Bildes der Schlacht abgeschafft; der totale Krieg und danach die Abschreckung tendieren dahin, den Szenarioeffekt in einem umhüllenden, permanenten, immateriellen technischen Effekt aufgehen zu lassen. Mit den neuen Mischystemen verschwindet die Welt im Krieg, und der Krieg als Erscheinung entschwindet den Augen der Welt.

Die Besatzungsmitglieder des Atomflugzeugträgers Nimitz erklärten kürzlich einem Journalisten: »Unsere Arbeit ist völlig unwirklich; es wäre gut, wenn von Zeit zu Zeit Fiktion und Realität mal wieder zusammenkämen, um uns unsere Anwesenheit hier schlagend und unwiderlegbar zu beweisen . . .«

Der totale Krieg bedeutete den Übergang vom militärischen Geheimnis – der *Aufzeichnung* der Wahrheit des Schlachtfeldes – zur Überexponierung des *live*: mit den strategischen Bombenangriffen verschob sich das Geschehen in die städtische Nachbarschaft; aus der kleinen Zahl der überlebenden Zuschauer der Kämpfe wurde die Masse der Überlebenden-Zuschauer. Seit der atomaren Abschreckung gibt es eigentlich keine »äußeren Kriege« mehr – wie der Bürgermeister von Philadelphia schon vor zwanzig Jahren sagte: die Grenzen gehen jetzt mitten durch die Städte. Warschau, Lyon, Berlin, Harlem, Belfast, Beirut: die Straßen, die Wege sind unterm Blick der militärischen Mächte und der großen Reporter-Touristen des Weltbürgerkriegs zu Drehfeldern eines permanenten Kinos geworden. Das Abendland, das von den politischen Illusionen der Theaterstadt – Athen, Rom, Venedig – schon übergegangen war zu denen der Filmstadt – Hollywood, Cinecittà, Nürnberg –, stürzt sich jetzt in das transpolitische Pan-Kino der Atomzeit, in eine kinematische, globale Sicht der Welt. Die amerikanischen Fernsehsender, die rund um die Uhr Nachrichtenbilder verbreiten – nichtkommentierte, nichtinszenierte –, tragen dem Rechnung. Hier handelt es sich nicht mehr um ein Nachrichtenbild, sondern um Sehrohstoff, den denkbar zuverlässigsten Rohstoff. Die rasante Kommerzialisierung der audiovisuellen Techniken antwortet auf dasselbe Bedürfnis; Video und Walkman liefern Realität und Erscheinung frei Haus; diese Apparate dienen nicht mehr dazu, Bilder anzuschauen oder Musik zu hören: sie liefern Bildstreifen und Tonstreifen, auf daß jeder seine eigene Realität inszeniere.

Die Beliebtheit, derer sich in den fünfziger und sechziger Jahren Konzerte und andere Massenveransaltungen wie Woodstock erfreuten, erklärten deren Fans damit, sie »wollten sich nicht mehr denken hören«, und die Besucher dieser Veranstaltungen seien »uneindeutig«, Künstler und Publikum nicht zu unterscheiden. Oft wurden diese Veranstaltungen übrigens, in den USA wie in Europa, von Militärs organisiert. Das Cyclorama der großen Stadien mit Hunderttausenden von Schauspieler-Zuschauern, wo Kameras und Laser nicht mehr nur die Stars anstrahlen, sondern auch die Menge und ihren Begeisterungstaumel, diese Doppelpsychologie – wer kommt, um zu sehen, zeigt sich gleichzeitig, stellt sich zur Schau –: das alles setzt sich dann fort in den andersartigen Schauaktionen der siebziger Jahre, wie dem Mord an John Lennon.

Heute ist es der Regisseur – oder auch der Politiker –, der sich nicht mehr unterscheidet und aufgeht im technischen Effekt, wie Nicholas Ray in Wim Wenders' *Lightning Over Water*. »Unsere Gruppe zieht ihre Energie aus dem Chaos«, erklärten die Rolling Stones. Vom gewöhnlichen Terrorismus bis zum *live*-Mord entwickelt das lebende Pan-Kino heute vor unseren Augen das Chaos, das sich früher hinter der geordneten Schöpfung des Krieges verbarg, und selbst, wenn unsere Handlungen plötzlich mit den üblichen Bezugssystemen nicht mehr zu fassen sind, sind sie nicht willkürlich, sondern Kinohandlungen.

Mit der Neutronenbombe hat die städtische Bevölkerung endgültig ihren höchsten Wert als Atomgeisel verloren. Für die militärischen Entscheidungsträger uninteressant geworden, sind die Bürger nicht länger die *Unsterblichen der Polis*; das Kino hat seinen initiatorischen Wert verloren; es ist nicht mehr die schwarze Messe der kriegerischen Autochthonie, die den Söhnen des Vaterlands in der Gemeinschaft der Lebenden und der Toten das kinematische Walhalla bietet. Die kommerzielle Aufsplitterung der Bild- und Tonstreifen hat die außerordentliche Kapazität des alten Kinos, die gesellschaftliche Formierung über das Sehen, die aus den tausend Zuschauern eines Kinos tatsächlich einen einzigen machte, zerstört.

42 Die Stadt Jericho. Illustration aus der hebräischen Bibel (Farhi-
Bibel 1366/82. Jerusalem, Rabbi Salomon, Sasson Library).

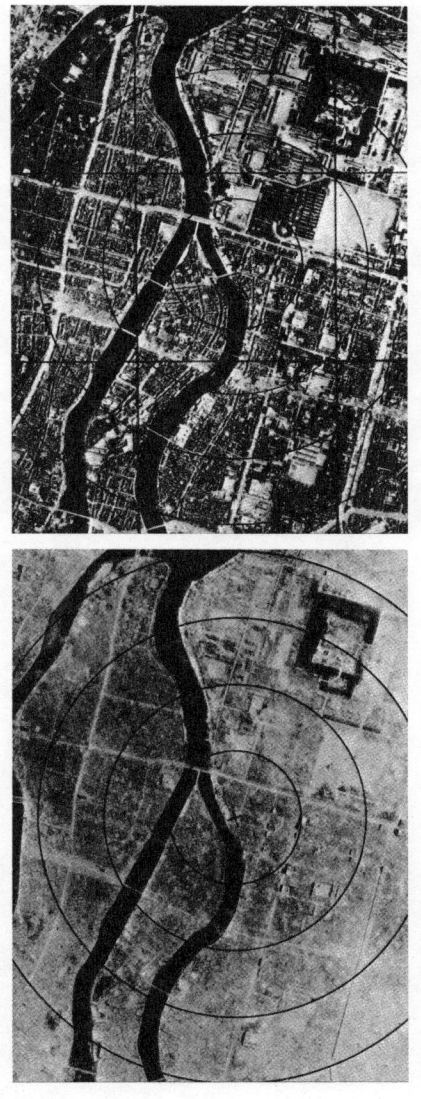

43 Aufnahmen der Stadt Hiroshima vor und nach dem ersten Atom-
bombenabwurf der Geschichte am 6. August 1945.

44 Denkmal in der Wüste von White Sands, im Sektor von Oscura
Peak, wo am 16. Juli 1945 die erste Atombombe gezündet wurde.

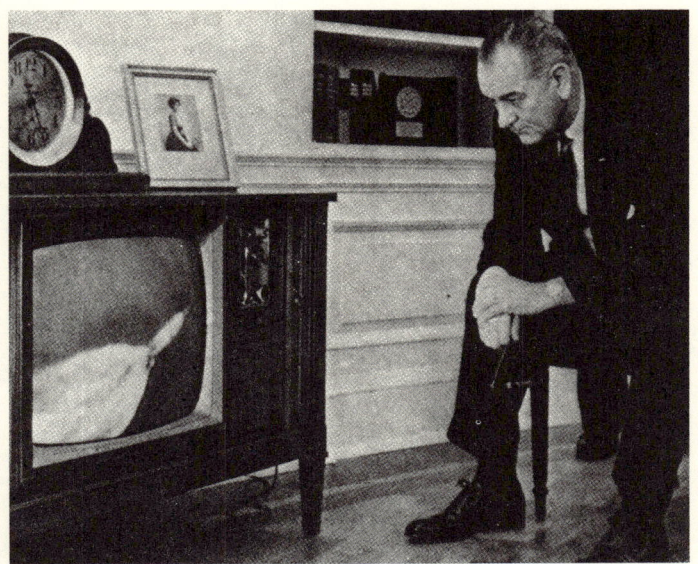

45 Der amerikanische Präsident Johnson verfolgt am Fernseher im Weißen Haus den Flug der Saturn-I-Rakete am 29. Januar 1964. Wie André Malraux schrieb: »Cäsar konnte zu Napoleon sprechen, aber Napoleon hat dem Präsidenten Johnson nichts zu sagen.«

46 Die Kommandozentrale des Dr. Seltsam in Stanley Kubricks Film.

Eine Kamerafahrt von achtzig Jahren

Dieser Bericht könnte auch 1854 beginnen, mit der Belagerung von Sewastopol während des Krimkriegs, oder sieben Jahre später, mit dem Sezessionskrieg. In beiden Kriegen kamen in hohem Maß neue Technologien zum Einsatz: Repetierwaffen, photographische Aufzeichnung, Panzerzüge, Fesselballons. Ich habe mich jedoch für 1904 entschieden, das erste Jahr des *Lichtkriegs*. Ein Jahr nach dem Start der Gebrüder Wright in Kitty Hawk leuchtete zum ersten Mal in der Geschichte der Kriege ein Scheinwerfer auf.

Dieser erste Kriegsscheinwerfer, der auf die Höhen von Port Arthur gerichtet wurde, vereinigte in seinen Strahlenbündeln die Fackeln, die Brände aller Kriege der Vergangenheit. Sein Strahl erhellte nicht nur die Finsternis des Russisch-Japanischen Krieges, sondern auch die nächste Zukunft, in der die Ermittlung, die Überwachungsmaschinerie sich bald schon synchron zur Kriegsmaschinerie entwickeln sollte, bis die eine in der anderen aufging, in den Techniken, mit denen im Blitzkrieg die Ziele anvisiert wurden, im Film-MG der Jagdflieger, vor allem aber im Blitz von Hiroshima, dem Atomblitz, dessen blendende Helle die Schlagschatten der Wesen, der Dinge, buchstäblich photographierte, sie unmittelbar in jede Fläche gravierte, sie zum Kriegs*film* machte – ehe die Entwicklung weiterging zur Lenkstrahlenwaffe, zum gebündelten Lichtstrahl des Laser.

Das Zusammentreffen mehrerer Ereignisse macht das Jahr 1904 zu einem wichtigen Datum. Es ist das Todesjahr von Etienne-Jules Marey, der das Verbindungsglied zwischen Repetierwaffe und Repetierphotographie bildete.

Er war, wie wir gesehen haben, der Erfinder der *Photographischen Flinte*; dieser Vorfahr der Lumière-Kamera war zugleich auch ein direkter Nachkomme der Trommel- und Rotierwaffen, des Colts, des Gatling-Maschinengewehrs, jener Repetierwaffe, die zu Beginn des Sezessionskriegs erfunden wurde und deren militärische Laufbahn in eben diesem Jahr 1904 bei der Belagerung von Port Arthur zu Ende ging – ehe sie in ihrer elektrifizierten Ausführung in Vietnam reaktiviert werden sollte.

Gleichfalls 1904 publizierte Georges Demeny, Mareys Assistent, als Mitherausgeber des Infanteriehandbuchs die Schrift *Die Erziehung des Marschierers*, worin er den Nutzen der Chronophotographie für die richtige Dosierung der Anstrengungen des Kämpfers – beim Gewaltmarsch, bei der Handhabung der Waffen – darlegte. Demeny spielte dann beim Training der französischen Armee vor 1914 eine wichtige Rolle.

Und schließlich das letzte in unserem Zusammenhang wichtige Ereignis: Am 18. Mai 1904 erprobte Christian Hülsmeyer in Köln sein *Telemobiloskop*, einen Apparat, der einem entfernten Beobachter das Vorhandensein von metallischen Gegenständen anzeigte, einen Vorläufer also des Radiometers, der Radio-Ortung von Sir Watson Watt, des Radar.

Denkt man weiter daran, daß Henri Chrétien, Professor für Optik, im Ersten Weltkrieg, als er an der Verbesserung des Telemeters für die Marineartillerie arbeitete, die Grundlagen entdeckte, die sechsunddreißig Jahre später zum Cinemascope führen sollten, so begreift man erst recht den Zusammenhang, der sich zwangsläufig immer wieder herstellt zwischen den Funktionen des Auges und der Waffe. So wie schließlich die Entwicklung der hemisphärischen Linse zur Breitwandprojektion führte, hatte die des Radio-Telemeters die Perfektionierung des Bildes zur

Folge: das elektronische Radarbild war der Vorläufer des Video, der elektronischen Optik.

So erleben wir, von den befestigten Höhen des Altertums und der architektonischen Neuerung der Wachttürme über die Verwendung von Fesselballons, den Einsatz der Fliegerei bei der photographischen Erkundung des Schlachtfelds im Weltkrieg bis hin zu den von Präsident Reagan angekündigten Frühwarnsatelliten, eine ständige Ausweitung des militärischen Wahrnehmungsfeldes. Das Sehen mit den Augen und die direkte Sicht sind in immer größerem Maß optischen und optisch-elektrischen Verfahren gewichen, den ausgeklügeltsten Kollimatoren. Die strategische Bedeutung der Optik schon während des Weltkriegs ist an dem Umstand abzulesen, daß die französische Produktion von optischen Gläsern – Zielfernrohren, Periskopen, Telemetern, Goniometern, Photo- und Filmobjektiven – von vierzig Tonnen auf einhundertvierzig anstieg, die Hälfte der Gesamtproduktion der Alliierten.

Daß aller Krieg zunächst ein Versteckspiel mit dem Gegner ist, dieses Grundprinzip haben die Kämpfer des Ersten Weltkriegs in extenso erfahren, vor allem in dem absurden Faktum, daß Millionen von Männern sich fast vier Jahre lang eingruben – vergruben. Seit dem Aufkommen der sogenannten Saturationswaffen, wie Repetiergewehr, Maschinengewehr, Schnellfeuergeschütz, »entscheidet das Feuer«, wie die Militärs sagen. Den Ausgang der Schlachten bestimmte jetzt nicht mehr, wie früher, die Aufstellung der Truppen, die geometrisch genaue Ausführung ihrer Bewegungen, sondern allein die Feuerstärke, die Ballistik der automatischen Waffen. So stellten die Gegner ihre Kräfte nicht mehr zur Schau, sondern verbargen sie; statt sie zu konzentrieren, verteilten sie sie. Immer neue Wellen von Soldaten wurden geopfert: marschierten, sprangen auf, krochen und endeten schließlich, tot oder lebendig begraben, den Waffen und den Blicken des Feindes entzogen.

Der Erste Weltkrieg war der erste mediatisierte Krieg der Geschichte – nur die Seeschlacht hatte lange schon dessen Verfahrensweisen vorweggenommen –, in dem Schnellfeuerwaffen an die Stelle der Vielzahl individueller Waffen traten. Das Mann gegen Mann, der physische Zusammenprall verlor seine grundsätzliche Bedeutung; an seine Stelle trat das Abschlachten auf Distanz, bei dem der Gegner unsichtbar blieb. Damit wurde die optische Sicht unabdingbar, die teleskopische Vergrößerung, der Kriegsfilm, die photographische Erfassung des Schlachtfelds. Vor allem gewann die Aufklärungsfliegerei eine beherrschende Rolle bei der Durchführung der Operationen.

Wenn in früheren Kämpfen die Hauptaufgabe der Strategie darin bestanden hatte, das Kriegstheater, das Schlachtfeld so zu wählen und zu begrenzen, daß sich optimale Perspektiven ergaben, so ging es im Ersten Weltkrieg angesichts der ungeheuren Bedeutung der neuen Mittel vor allem darum, die Richtung der gegnerischen Bewegungen zu erkennen, die Ziele einzugrenzen und schließlich das Bild des Aufeinanderstoßens der Truppen festzulegen, die die Reichweite der Waffen, die Plötzlichkeit des indirekten Beschusses, aber auch die unentwegte Veränderung der Umwelt blind gemacht hatten. Daher die Unzahl der Periskope in den Schützengräben, der Zielfernrohre, Teleskope und Abhörgeräte, dank derer die Soldaten des Weltkriegs nicht nur Akteure der blutigen Kämpfe waren, sondern zugleich auch die ersten Zuschauer einer pyrotechnischen Revue, deren magischen und spektakulären Charakter sie, wie die Äußerungen Jüngers, Apollinaires und Marinettis zeigen, sehr wohl empfanden.

Zehn Jahre nach Port Arthur begann ein totaler Krieg,

der weder in der Nacht noch bei Tage aussetzte. Warum auch, da man die Präsenz des Feindes nur noch am Mündungsfeuer erkannte, dem Feuer der Schützengräben. Die in den engen Gräben verschanzten Männer waren bei Tag fast ebenso blind wie in der Nacht, so lag es nahe, den *Lichtkrieg* zu entwickeln – dem 1940 dann der *Blitzkrieg* folgen sollte –, mit der ersten Leuchtspurmunition, den Leuchtraketen, dem Feuerwerk zur Illumination des Niemandslands, zum Erkennen nächtlicher Ziele, schließlich durch die vergrößerte Reichweite der Scheinwerfer – sie erreichte schließlich neun Kilometer – und der Flugabwehr.

Die alte Maxime: »Die Kavallerie klärt auf, die Infanterie erobert«, war damit hinfällig geworden. Als die Fronten im Stellungskrieg erstarrten, übernahm die Luftwaffe die Aufgaben der überflüssig gewordenen Kavallerie. Die Luftaufklärung wurde zum Wahrnehmungsorgan der Oberkommandos, zur wichtigsten Prothese der Kammerstrategen in den Generalstäben. Sie erhellte den Krieg, sie machte den Zustand der Orte in einer durch die Waffen, die schweren Sprengstoffe sich gründlich verändernden Umwelt sichtbar. Diese Augen, das waren vor allem die Objektive der ersten Bordkameras. Die Realität der Kriegslandschaft wurde kinematisch, alles änderte sich, so daß die Generalstabskarten, die alten topographischen Vermessungen hinfällig wurden. Nur die Blende des Objektivs konnte den Film der Ereignisse konservieren, den momentanen Frontverlauf, die Sequenzen seines fortschreitenden Verfalls. Neue Kampfstellungen, Einschläge der Fernfeuerwaffen, der Grad der Zerstörung der Stellungen: allein die Repetierphotographie konnte mit den Waffen Schritt halten, die eine ebenfalls repetetive Zerstörung bewirkten.

Aus Mareys Versuch, die aufeinanderfolgenden Phasen

einer Bewegung, einer Geste zu offenbaren, wurde hier das Bemühen, den Verlauf eines Einbruchs, die plötzliche Auflösung einer Landschaft, deren Gesamtzusammenhang sich nicht mehr unmittelbar darstellte, optimal zu interpretieren. Auch begegnet uns die Verbindung der Errungenschaften der modernen Kriegsmaschinerie, den Flugzeugen, mit denen der Überwachungsapparatur, der Luftphotographie, dem kinematographischen Photogramm. Der militärische Film war dazu bestimmt, projiziert zu werden, und die Projektion stand der Analyse der Bewegungsphasen entgegen, so daß sich die praktische Verwendbarkeit auf die aufeinanderfolgenden Einzelbilder beschränkte. Dennoch war die Situation der bei den Arbeiten von Muybridge und Marey bewirkten entgegengesetzt. Das Ziel war nicht mehr, den ganzen Körper eines Pferdes oder eines Menschen in den Deformationen zu studieren, die sich aus seiner Fortbewegung ergaben, sondern die Bruchlinien der Schützengräben, die endlose Fragmentierung einer verminten, von ständigen Virtualitäten bewegten Landschaft festzuhalten. Daher rührte die entscheidende Rolle, die der photographischen Wiedergabe und den militärischen Filmaufnahmen hinfort zukam. Sie waren die erste, verkannte Form von angewandter Kinematographie – nicht, wie bei Painlevé, und auch da erst ab 1925, des unendlich Kleinen, sondern des unendlich Großen: Makro-Kinematographie.

Wie man im Hachette-Almanach von 1916 nachlesen kann, haben die Darstellungstechniken ihre ungeheure Bedeutung für den Krieg bewiesen: »Dank der Aufnahmen und Filme konnte man den Frontverlauf von Belfort bis zur Yser so genau wie nie zuvor vergegenwärtigen.« Das Geheimnis des Sieges stand mit der Ballistik der Geschosse und der Hyperballistik der Flugzeuge in die Luft geschrieben, doch wurde dieses Geheimnis zunichte durch die Geschwindigkeit; die Reaktionsgeschwindigkeit des Films allein war in der Lage, dieses militärische Geheimnis aufzuzeichnen. Jeder der Protagonisten versuchte, es durch einen immer größeren Aufwand beim Verstecken und Tarnen zu bewahren, erst nur von Artilleriestellungen, Eisenbahnlinien, Verschiebebahnhöfen, schließlich von ganzen Städten. Deren Verdunkelung bildete den späten Gegenzug zum Lichtkrieg von 1904.

Wie im Verlauf der Geschichte Waffen und Panzer sich in enger wechselseitiger Abhängigkeit entwickelt hatten, so von jetzt an Aufklärung und Tarnung; Endpunkt dieser Entwicklung sind Waffen, die, selbst unsichtbar, sichtbar machen: Radar, Sonar, die hochempfindlichen Kameras der Beobachtungssatelliten, die die Nachfolge der Dunkelkammern des Ersten Weltkriegs angetreten haben. Die Militärs stehen jetzt nicht mehr vor dem Problem des Herzogs von Wellington, der sagte, er habe sein Leben damit zugebracht, »zu erraten, was sich jenseits des Hügels befindet«; heute kommt es, angesichts von Bildern, deren Darstellung riesige Frontausdehnungen ebenso umfaßt wie winzige Details, die jederzeit den Ausgang der Kampfhandlungen bestimmen können, darauf an, jede Konfusion, jede Ungenauigkeit zu vermeiden. Die Hauptaufgabe liegt also nicht mehr bei der Tarnung, bei Schirmen, die die Sicht behindern, und bei der Fähigkeit, weit zu sehen, trotz neuer Methoden der Tarnung und Verdunkelung – jetzt geht es um Allgegenwärtigkeit, um die Schwierigkeit, in einem weltweiten und unsicheren Umfeld die Gleichzeitigkeit der Informationen im Griff zu behalten, von denen das photographisch-filmische Bild die konzentrierteste und auch sicherste darstellt. Die Kameraaufnahmen des Ersten Weltkriegs bildeten also schon eine Vorform des statistischen Gedächtnisses der Computer, sowohl in der Auswertung der durch die Luftaufklärung gelieferten Informationen als auch in der immer genaueren Handhabung der Gleichzeitigkeit von Aktion und Reaktion.

Die Bofor-Vorhersage des Zweiten Weltkriegs war eigentlich ein Vorläufer des strategischen Rechners der unmittelbaren Nachkriegszeit. Dieser Apparat der Luftabwehr, ein perfektionierter Entfernungsmesser, diente dazu, die Flugbahnen des anvisierten Flugzeugs und eines Flakgeschosses in einem bestimmten Punkt und zu einem bestimmten Zeitpunkt sich schneiden zu lassen; das tödliche Resultat wurde dadurch erzielt, daß die Bilder beider Verläufe auf einem Bildschirm in *Echtzeit* sich stereoskopisch überlagerten.

So ist das Schlachtfeld der napoleonischen Kriege nach und nach zu einem Blackbox geworden. Dem Operationstheater der Vergangenheit, auf dem die Akteure des Geschehens sich rhythmisch bewegten, wo sich das Mann gegen Mann mit bloßem Auge und blanker Waffe vollzog, folgte zu Beginn dieses Jahrhunderts eine Camera obscura; das *face à face* der Gegner machte einem unmittelbaren realen *interface* Platz; schließlich wurden die Entfernungen und die Bodenbeschaffenheit des Kampffeldes ersetzt durch den Begriff der *realtime*, der *Echtzeit*.

Auf die strategische Einrichtung des Raums durch den Bau dauerhafter Befestigungen mit Gräben und Wällen, mit Tarnschirmen, die sich, wie ein General des vorigen Jahrhunderts es ausdrückte, zu »einer Art Vexierschachtel« zusammensetzten, folgte nun die Einrichtung der Zeit. Bilder und Zeichen erschienen auf Kontroll- und Simulationsschirmen; der Krieg glich immer mehr einem Dauerkino, einem nie endenden Fernsehen; und mit dem Zweiten Weltkrieg begann der Stummfilm der Radio-Telegraphie dank den Fortschritten der Radio-Telephonie zu sprechen.

In seinem Buch *In Stahlgewittern* vermittelt Ernst Jünger diese Entrealisierung durch den industriellen Krieg: »In diesem Kriege (wurden) mehr Räume als einzelne Menschen unter Feuer genommen . . . (Ich) hatte ein sehr unpersönliches Gefühl, als ob ich mich selbst mit einem Fernrohr beobachtete . . . (Ich) konnte das Zischen der kleinen Geschosse hören, als pfiffen sie an einem unbelebten Gegenstand vorbei . . . Die Landschaft war von einer gläsernen Durchsichtigkeit.« Diese Empfindung einer absoluten Durchsichtigkeit, die Objekt und Subjekt, die ganze Umgebung erfaßte, in der die Gegner sich gleichermaßen von unsichtbaren Spähern und körperlich weit entfernten Beobachtern erkannt fühlten, veranschaulicht die Zerrüttung der Wahrnehmung. Die Kriegstechnologie hat den Boden, die Materie umgewälzt, mehr noch aber, durch das Ineinandergreifen, die Verkopplung von Beobachtungsmaschinerie und moderner Kriegsmaschinerie, den Zeit-Raum des Sehens. In welchem Ausmaß, das beschreibt wiederum Jünger: »Die Fähigkeit, logisch zu denken und das Empfinden für die Schwerkraft schienen wie gelähmt.«

Beim Radar sollte diese Empfindung sich wiederholen; auch der Mann am Radarschirm hat das Gefühl zu schweben, die Welt von oben zu sehen. Um dieses menschliche Element auszuschalten, wurde gegen Ende des Zweiten Weltkriegs die Methode des True Motion Radar entwickelt, bei der der Monitor die »wahre Bewegung« anzeigte und absichtlich auf das optische Bild verzichtet wurde. All das wiederholte sich dann mit dem Triumph des elektronischen Bildes über die universelle Schwerkraft – Nam June Paik: »Video ist nicht ich sehe, Video ist ich fliege.« Diese Schwerelosigkeit, diese Aufhebung der üblichen Empfindungen verweist auf die fortschreitende Vermischung der direkt sichtbaren Realität und ihrer medialen Darstellung, einer augenblicklichen Darstellung, bei der die Durchschlagskraft der Repetierwaffen und die Errungenschaften der ebenfalls repetetiven photographischen Aufzeichnungsapparate zusammenwirken, um ein letztes Bild der Welt zu projizieren, einer Welt, die sich langsam entmaterialisiert, die desintegriert, in der der Kinematograph der Brüder Lumière glaubwürdiger ist als der melancholische Späher, der seinen Augen nicht mehr traut.

Diese Überlegungen finden ihre Bestätigung in einem besonders aufschlußreichen Ereignis des Jahres 1914, das sich seltsamerweise 1940, nach sechsundzwanzig Jahren, wiederholen sollte, jedoch in einer Variante, die ihrerseits Aufschluß gibt über die Entwicklung des Schlachtfeldes. Zu Beginn des Ersten Weltkriegs schenkten die französischen und deutschen Heeresleitungen der Luftaufklärung nur geringe Beachtung, sie gaben Patrouillen den Vorzug. Während der Marneschlacht jedoch verstärkte der Befehlshaber der Luftstreitkräfte im Hinterland der Hauptstadt, der Hauptmann Bellenger, auf Wunsch Gallienis die Aufklärungsflüge über Paris und Umgebung. Darauf kam es zu einem Auslegungsstreit zwischen dem General Gallieni, der seine Erfahrungen in Kolonialkriegen gesammelt hatte und neuen Techniken gegenüber aufgeschlossen war, und den Verantwortlichen an der Front. *Vom Boden aus gesehen* war die Stoßrichtung der deutschen Offensive unklar; die Berichte der Spähtrupps, denen der Generalstab vertraute, widersprachen einander. *Vom Himmel aus gesehen* ließ sich die Achse, die allgemeine Tendenz erkennen – aber das wollte das französische Oberkommando nicht gelten lassen, es zog die horizontale und perspektivische Sicht der vertikalen, dem Rundblick des Überfliegens vor. Schließlich konnte der Oberkommandierende der VI. Armee seinen »Gesichtspunkt« von der Bewegung des Feindes durchsetzen; danach zielte diese auf die Marne und nicht auf Paris. Man hat den glücklichen Ausgang dieser ersten Marneschlacht dem engen Eisenbahnnetz um Paris zugeschrieben, das in seiner radial-konzentrischen Form eine gute Lenkung des Verkehrs gestattete. Heute scheint indes die Annahme zumindest ebenso berechtigt, daß er auch auf die Lenkung des Gesichtspunktes zurückzuführen ist, auf die Bildanalyse der Schlacht, die Ablösung der kavalleristischen Perspektive durch die senkrechte Sicht der Aufklärungsflieger.

Hinfort war, mit den Worten Winston Churchills, »die Tendenz wichtiger als die Abfolge der Ereignisse«. Die Situation ist mit dem Schritt von der Chronophotographie zur Kinematographie vergleichbar. Die bewaffneten Zusammenstöße ließen sich von nun an nur noch in der Projektion erkennen; nur das Photogramm des Militärfilms legte ihre innere Dynamik, die Generallinie frei; für die Spähtrupps am Boden blieb lediglich die Rolle der taktischen Kontrolle. Die beschleunigte Projektion der Bilder, der Sequenzen, fand von da an ihre Anwendung bei den militärischen Bewegungen auf dem Übungsgelände, das nur noch ein Bildschirm für die Projektion des Bewegungskrieges war. Der Kinematograph, der allein die Wahrscheinlichkeit eines Angriffs sichtbar zu machen vermochte, ging mit dem Krieg dieselbe Verbindung ein wie das Zielfernrohr mit dem Gewehr und das Film-MG mit dem Luftkrieg.

Mit dem *Blitzkrieg* wurde diese Umkehrung der Perspektive offensichtlich, und die Geschichte von der Marne wiederholte sich. Im Frühjahr 1940, genauer, vom 10. Mai an, überschlugen sich die Ereignisse derart, daß das ganze Ausmaß der Katastrophe nur mehr durch die Luftwaffe zu erfassen war. Am 12. Mai meldete der Leutnant Chery der Luftaufklärergruppe 2/33, der auch Saint-Exupéry angehörte, in seinem, vom Archiv der Luftstreitkräfte verwahrten Bericht: »Die Maas-Brücken sind unbeschädigt. Gesamteindruck: Der Feind stößt mit Panzerdivisionen in den Ardennen vor und trifft auf keinerlei Widerstand.« Trotz des Gewichts seiner Meldung schenkte der Generalstab dem Leutnant keinen Glauben. Die Ardennen galten als »unstrategisches und undurchdringliches Gebiet« – was schon die Fortsetzung der Maginot-Linie nach Norden verhindert hatte. Eine derart ketzerische Meldung war von vornherein unglaubwürdig.

Hier ging es nicht mehr darum, einen Gesichtspunkt zu erweitern, sondern darum, den Grad der Durchlässigkeit eines Gebiets zu erkennen. Zu der gläsernen Durchsichtigkeit der Kriegslandschaft, wie Jünger sie beschrieb, kam die Durchlässigkeit eines dichten Geländes; ein bewaldetes Massiv widersetzte sich nicht dem Vorstoß von Panzerdivisionen. Es ging also nicht mehr um die *optische Illusion*, die sich dem Kämpfenden im Zustand psychischer Schwerelosigkeit mitteilte, sondern um die *motorische Illusion*, die eine strategische Region betraf, ein Gebiet, das den Panzern nicht mehr Widerstand entgegensetzte als der Luftraum den Sturzkampfbombern.

In seinen Fliegerbüchern fand Antoine de Saint-Exupéry treffende Metaphern: »Senkrecht unter mir sehe ich nur Spielzeug aus einer anderen Zeit unter einer klaren, reglosen Kristallglocke. Ich beuge mich über Schaukästen im Museum ... Ich überfliege eine große, spiegelnde Fläche.« Die Menschen am Boden erinnerten ihn an Infusorien auf dem Objektträger eines Mikroskops. »Ich bin ein eiskalter Gelehrter, und ihr Krieg ist für mich nur noch ein Experiment in einem Laboratorium.«[1]

Im Stellungskrieg hatten die Kämpfenden panisch ver-

---

1 *Pilote de Guerre*, Paris 1949 (deutsch *Flug nach Arras*, Düsseldorf 1966)

sucht, sich den Gegner vom Leib zu halten; das setzte sich nun fort in den Techniken des Blitzkriegs, den Linsen mit langer Brennweite, den stereoskopischen Lupen der militärischen Photointerpretation, deren wasser- oder glasähnlicher Leiter alle entsprechenden Brechungs- und Beugungserscheinungen aufwies.

Der Stellungskrieg hatte sich überlebt. Die außerordentliche Beweglichkeit der mechanisierten, motorisierten Armeen gab dem Krieg eine neue Einheit der Zeit, die allein der Kinematograph zu erfassen vermochte, und selbst er manchmal nur mit Mühe, da die wachsende Geschwindigkeit der Flugzeuge höhere Bildfrequenzen verlangte und der Kameramechanismus in großer Höhe vereiste. Deshalb verfeinerte man die Methoden der Sichtforschung; dem unzuverlässigen Gedächtnis der Piloten wurde durch den Einbau eines Magnetophons aufgeholfen, dem später der Bordcomputer folgte; die Genauigkeit der Aufnahmen wurde durch den Einbau von Hyposkopen verbessert, die die vertikale Sicht aus dem Flugzeug anschaulicher machten; die schweren und unhandlichen Emulsionsplatten wurden durch Filme in automatisch abzuspulenden Magazinen ersetzt. Die Angleichung von Flug- und Aufnahmegeschwindigkeit, die laufende Kodierung der Aufnahmen, die Kopplung von photoelektrischen Zellen vereinfachten die Interpretation und steigerten damit die Qualität der Dokumente.

In der Zeit wie im Raum wurden die Grenzen der Forschung immer weiter vorgeschoben. Die Geschwindigkeit, mit der die Armeen sich bewegten, verlangte, daß ihre Bewegungen auf immer größere Entfernungen hin erfaßt wurden, um der Führung die Möglichkeit zum Reagieren zu geben. Vorbei war die Zeit der vier Stundenkilometer der Infanterie, als Informationen einen Tag, eine Woche und noch länger aktuell blieben. Jetzt verloren sie ihren Wert in wenigen Stunden, ja in Minuten. Noch immer stand zwar das Geheimnis des Krieges in den Luftraum geschrieben, doch nur die Schnelligkeit der Übermittlung erlaubte seine nutzbringende Entschlüsselung.

Nach der Niederlage Frankreichs reorganisierten die Engländer auf Betreiben von Sidney Cotton ihre Luftaufklärung; sie ersetzten die schweren bewaffneten Bristol-Blenheims durch unbewaffnete, dafür mit Reservetanks ausgestattete Spitfires. Diese Maschinen, die beweglichsten ihrer Zeit, funktionierten wie fliegende Kameras; sie waren Vorläufer der heutigen Videoraketen – Vektoren, die nicht nur aufeinanderfolgende, sondern auch gleichzeitige Handlungen zu erspähen und festzuhalten vermögen, in Direktübertragung oder als Aufzeichnung.

1912 hatte der Deutsche Alfred Maul eine Schießpulver-Rakete gestartet, deren Kopf mit einem kleinen Photoapparat ausgestattet war. Hatte der Flugkörper seine äußerste Höhe erreicht, so wurde der Aufnahmemechanismus ausgelöst, die Rakete kehrte mit verminderter Geschwindigkeit zur Erde zurück und brachte eine einzige Aufnahme mit – im Grunde handelte es sich bei diesem Versuch, den die Armee in Auftrag gegeben hatte, um eine Fortentwicklung der ersten aerostatischen Aufnahmen von Nadar. Zwanzig Jahre später, 1933, präsentierte Vladimir Zworykin das von ihm erfundene Ikonoskop, das erste elektronische Fernsehen, in den Laboratorien von RCA nicht etwa als Massenkommunikationsmittel, sondern als eine Möglichkeit, die Reichweite menschlichen Sehens zu steigern; er schlug sogar schon vor, einen Aufnahmeapparat zur Beobachtung unzugänglicher Gegenden in eine Rakete einzubauen, womit er den Raumsonden Pioneer und Voyager um Jahre voraus war.

Seine wissenschaftliche Erfüllung fand dieses Bestreben,

die Reichweite der Beobachtung zu steigern, den Aktionsradius der Aufspürung zu vergrößern, schließlich in der Erfassung der elektromagnetischen Strahlung durch Radar. 1940, während der Schlacht um England, wurde die Durchsichtigkeit der Luft zur Durchsichtigkeit des Äthers erweitert. Sir Watson Watt spannte einen mysteriösen Schirm in die Atmosphäre, ein unsichtbares Netz von einer solchen Ausdehnung, daß kein Flugzeug es passieren konnte, ohne daß sein Auftauchen irgendwo am Boden, tief unten in einer Dunkelkammer, in Gestalt eines leuchtenden Punktes entdeckt wurde. Was sich früher in den Aufnahmekammern von Nièpce und Daguerre zugetragen hatte, vollzog sich jetzt an Englands Himmel.

Das Operationstheater des Krieges war nun ein dunkler Raum in Keith Park mitten in London, voll von hohen Offizieren samt weiblichen Hilfskräften, den Hostessen eines strategischen Büros, das den wirklichen Krieg imitierte. In diesem Keller, der Zentrale der Luftabwehr, wurden die von den Radarstationen der Home Chain übermittelten Daten registriert und der Einsatz der Verbände der Royal Air Force koordiniert. Besatzungen und Kriegshostessen dialogisierten durch den Äther, als säßen sie sich in einem Raum gegenüber. Die Jagdflieger wurden von den Off-Stimmen gewarnt, gelenkt, getröstet; sie folgten ihnen unentwegt – verfolgten sie. Nicht nur war der Kriegsfilm zum Tonfilm geworden; Ausrufe begleiteten besondere Vorkommnisse, die Piloten gaben ihren Kommentar dazu ab; sie empfanden die Allgegenwart des Publikums in der Operationszentrale, die Anwesenheit der weiblichen Hilfskräfte. Diese trugen ihrerseits zum Erfolg ihrer Helden bei, aber auch zur Entwirklichung des Krieges, in dem nun Geister eine immer größere Rolle zu spielen begannen – die Geister der abgeschossenen Gegner, die die Filme der Film-MGs projizierten, der Geist des

Radarbildes auf den Schirmen, Geisterstimmen in der Luft, die Echosonden des Sonar. Den Projektilen der Vergangenheit, Pfeilen, Wurfspeeren, Kugeln, folgte nun die Projektion der optischen und akustischen Wellen.

Wenn sich die Schlagkraft eines Heeres nach seinem Täuschungsvermögen bemißt, so ist diese Kraft im Verlauf der letzten hundert Jahre immer irrealer geworden; Tarnung, Täuschung und elektronische Gegenmaßnahmen, Störsender, Verneblung: das Angriffsarsenal wurde mit neuen Organen ausgestattet, mit Kriegsprothesen. Optische und motorische Illusion verschmolzen im kinematischen Rausch des Blitzkriegs. Was diesen kennzeichnete, war die Geschwindigkeit, mit der Gegenstände, Bilder, Töne verbreitet wurden. Er kulminierte im Atomblitz.

Dank der Rundfunkkurzwellen, die 1940 einige Dutzend, 1945 schon vier- bis fünfhundert Kilometer weit reichten, standen die Aufklärungsflugzeuge des Zweiten Weltkriegs, im Gegensatz zu denen des Ersten, in ständiger Verbindung mit dem Boden. Im August 1940 wurden die Nachtjäger der R.A.F. als erste mit Funkortung durch elektromagnetische Wellen ausgestattet, dem Bordradar, der es dem Piloten ermöglichte, die Dorniers und Messerschmitt 110, die in einer Entfernung von fünf Kilometern durch die Nacht flogen, auf einem Bildschirm unterhalb seiner Windschutzscheibe zu »sehen«.

Damit wurden die Kämpfer einer neuen Persönlichkeitsspaltung unterworfen und dem Flieger die Gabe des Zweiten Gesichts verliehen: hob er den Kopf, teilte sich ihm die Transparenz der Atmosphäre mit, senkte er ihn, die Transparenz des Äthers. Augensicht und Fernsehen – zwei militärische Räume, Nähe und Ferne, in einem Kampf, einem Krieg gekoppelt. Aus diesen Technologien entwickelten sich später die transhorizontalen Waffensysteme.

Damit sie der blendenden Helle der zweihundert Millionen Kerzen starken Flakscheinwerfer begegnen konnten, wurden die Bomber ihrerseits mit neuen Verfahren für Nachtangriffe ausgestattet. Die Bomber der Luftwaffe setzten 1940 über London und Coventry noch Leuchtbomben ein, um die Gebiete abzugrenzen, für die ihre Sprengbomben bestimmt waren; dagegen verwendeten die Engländer 1941 über Köln Brandbomben, die erst am Boden zündeten und mit ihrem roten Schein ein Viereck in die Dunkelheit zeichneten, in das die Halifax und Lancaster der Operation Millenium ihre vernichtende Fracht abluden. Später benutzten die Alliierten Magnesiumblitze und andere neue Lichtwaffen, und die U.S. Air Force verwendete eingebaute elektronische Blitze, die nicht nur den Boden beleuchteten, sondern vor allem auch die feindliche Abwehr momentweise blendeten. Während des Vietnamkrieges wurden diese Errungenschaften von Sam Cohen so perfektioniert, daß sie den Gegner für die Dauer von mehr als einer Stunde blind machten. Diese Entwicklungen gipfelten in der Herstellung von Granaten, wie sie gegen die Terroristen in Mogadischu und London zum Einsatz kamen.

Elektronische Einrichtungen erlaubten es außerdem seit 1942, die Geschwader der Flying Fortresses vom Boden aus zu dirigieren und sie bei Tag und Nacht, unabhängig von meteorologischen Bedingungen, einzusetzen. Zwei Stationen wirkten dabei jeweils zusammen, von denen die eine *The Cat* und die andere *Mickey Mouse* genannt wurde. Von der »Katze« ließen sich die Langstreckenbomber passiv bis in die Nähe ihres Ziels leiten, dann übernahm sie die »Maus«, die der Operation bis dahin schweigend gefolgt war; sie berechnete, bei einer Entfernung von vierhundert Kilometern auf hundert Meter genau, die Stelle, über der der Bombenschütze die Bomben ausklinken mußte, und bezeichnete sie ihm durch ein Radarsignal.

Ganz Westeuropa wurde von diesem raffinierten elektronischen Netz mit der Bezeichnung GEE überzogen. In der Folgezeit wurde es ständig verbessert, erst unter der Bezeichnung OBOE, ab 1943 als H2S – jetzt wurde den Fliegern nicht mehr nur ein einfaches Radar*signal* übermittelt, sondern ein Radar*bild*, die leuchtende Silhouette des Ziels, das sie überflogen. Die Bomber wurden mit Sendern ausgestattet, die Zentimeterwellen vertikal zur Erde hinunter projizierten; ihr Echo materialisierte sich auf dem Kathodenschirm des Flugzeugs – bis zu fünfzehn Quadratkilometer erfaßte das so gewonnene Bild. Bei der Operation Gomorrha, dem Großangriff auf Hamburg, kam dieses System zum ersten Mal zum Einsatz.

Zu den Systemen der traditionellen sichtbaren Waffen, den Geschützen und Maschinengewehren, kam das Geflecht der unsichtbaren Waffen des elektronischen Krieges, das bald den ganzen Kontinent überzog. Unsichtbare Ziele, die den Blicken des Gegners durch natürliche Gegebenheiten entzogen waren, gab es nun nicht mehr. Wie die Nachtjäger, so profitierte auch die Flak von der Allgegenwart der neuen Systeme. Die Sektoren der Kammhuber-Linie, des Warnsystems der deutschen Jagdflieger mit der Zentrale in Arnheim, reichten von der Nordsee bis zum Mittelmeer. Weiter wurde ein Netz von Rundsuch-Radarstationen aufgebaut, deren jede einen Umkreis von dreihundert Kilometern abdeckte und den Flugabwehrstellungen der »Festung Europa« per Kabel ein elektronisches Bild des Himmels übermittelte. Finsternis und andere natürliche Widerstände wurden durchdrungen, Entfernungen aufgehoben. Dieses uneingeschränkte Sehvermögen machte den Kriegsraum durchsichtig und die militärischen Befehlshaber hellsichtig. Technische Vorsichts- und Voraussichtsmaßnahmen verkürzten die Zeitabstände, die Fristen zur Beantwortung feindlicher Aktionen immer mehr.

Das Flugwarnsystem spielte im übrigen auch eine bedeutende psychologische Rolle bei der Gesamtheit der Bevölkerung. Sobald feindliche Geschwader die Küste überflogen hatten, wurde für die Zivilbevölkerung Voralarm gegeben; war die Richtung erkennbar, wurde in den betroffenen Gebieten Vollalarm ausgelöst. Der Zeit-Raum zog sich zusammen, die Gefahr wurde von Millionen aufmerksamer Zuhörer gleichzeitig erlebt. Nur noch die Information, der Rundfunk bot Schutz, gewährte die Zeit, wenn schon nicht den Raum, zum Zurückweichen.

Mit der alliierten Luftoffensive auf die großen europäischen Ballungsgebiete wurde der Angriff zu einem *Son-et-Lumière*-Schauspiel, einer Abfolge von Spezialeffekten, an den Himmel projiziert mit der Absicht, die in Verdunkelung getauchte verängstigte Zivilbevölkerung zu verwirren. Die Dimensionen dieses Naturkinos waren dem Drama angemessen. Die Opfer von morgen wurden zu Zuschauern einer schauerlichen nächtlichen Revue, eines Höllenspektakels in einem immer weiter sich ausdehnenden Lichtspieltheater, in dem sich die Scheinwerferarchitektur von Nürnberg wiederholte. In seinen *Erinnerungen* schreibt Albert Speer, der die Aufmärsche auf dem Zeppelinfeld organisiert hatte, über den Angriff vom 22. November 1943: »Die Angriffe auf Berlin boten vom Flakturm aus ein unvergeßliches Bild, und es bedurfte eines ständigen Zurückrufens in die grausame Wirklichkeit, um sich nicht von diesem Bilde faszinieren zu lassen: die Illumination der Leuchtfallschirme, von den Berlinern ›Weihnachtsbäume‹ genannt, gefolgt von Explosionsblitzen, die sich in Brandwolken verfingen, unzählige suchende Scheinwerfer, das aufregende Spiel, wenn ein Flugzeug erfaßt war und sich dem Lichtkegel zu entwinden suchte, eine sekundenlange Brandfackel, wenn es getroffen wurde: die Apokalypse bot ein grandioses Schauspiel.«

Hitlers Architekt ermaß offenbar selbst, wie gering der Abstand zwischen der Bilderhölle und dem Bild der Hölle war. In seinen *Spandauer Tagebüchern* heißt es: »Auf dem Reichsparteitag ließ ich erstmals 150 Flakscheinwerfer, senkrecht zum Himmel gerichtet, ein Rechteck aus Licht formen. Im Innern fand das Ritual des Parteitags statt – eine märchenhafte Kulisse, gleich einem der kristallenen Phantasieschlösser des Mittelalters.« Und weiter: »Merkwürdig berührt mich der Gedanke, daß die gelungenste architektonische Schöpfung meines Lebens eine Chimäre ist, eine immaterielle Erscheinung.« Nicht so sehr eine immaterielle Erscheinung als vielmehr eine Generalprobe, der holographische Entwurf des Krieges – unter Verwendung von Gerät, das bei der Armee schon seit dreißig Jahren im Einsatz war.

Durchsichtigkeit, Allgegenwart, unmittelbare Information – die Zeit der großen Befehlsopern war angebrochen. Von London wie von Berlin aus wurden Luft- und Seeflotten gelenkt. »Die Nachrichtenanlage des Hauptquartiers war für ihre Zeit vorbildlich«, schreibt Speer. »Nur durch diese Nachrichtenanlage konnten die einzelnen Divisionen auf allen Kriegsschauplätzen von Hitlers Tisch im Lagezimmer dirigiert werden. Je schwieriger die Lage, um so größer ließ die neuzeitliche Technik den Abstand zwischen der Wirklichkeit und der Phantasie werden, mit der von diesem Tisch aus operiert wurde.«

Die Befehlsgewalt übertrug sich von jetzt an praktisch ohne Zwischenstationen. Nicht nur spielte Hitler den obersten Kriegsherrn, der seine Generäle über Funktelephon dirigierte und ihnen jede Initiative nahm; in beiden Lagern förderte die Gesamtheit des Kommunikationssystems die Kontrolle der Untergebenen durch den höchsten Chef. Der Zugriff der Macht war von nun an direkt. Wenn der Stratege sagte, daß »eine Armee so lange stark ist, wie sie kommen und gehen, sich ausbreiten und sich in sich zurückziehen kann, wo sie will und wie sie will« (Se-Ma), so ging es in dieser Periode des Krieges weniger um das Hin und Her der Truppen als um das *feedback* des Ermittlungs- und Übermittlungsinstrumentariums, der visuellen und audiovisuellen Apparaturen. Sie waren nicht nur die aktuelle Form des Gewaltmarschs, der tief ins Land vordringenden Einfälle des Ersten Weltkriegs; vielmehr trat an die Stelle der wirklichen Bewegungen der Truppe das Sammeln von Daten durch Automaten und bald auch schon deren Rückübersetzung in *Echtzeit*. Die Einführung von PK-Zügen in allen Bataillonen der Wehrmacht und die ständig wachsende Zahl, nicht von Kriegskorrespondenten, sondern von Kamerateams der Armeefilmdienste bei den Alliierten[2] erklärt sich durch die Notwendigkeit, die Mediatisierung des Geschehens ständig voranzutreiben, durch die die Gabe des Zweiten Gesichts, die den Flugzeugbesatzungen verliehen wurde, sich dem fernen und zugleich allgegenwärtigen Oberkommando mitteilte.

Hier liegt der Ursprung für die Entwirklichung des Angriffs, dank derer der industrielle Krieg aufhörte, die »Maschinerie der großen Beerdigung« zu sein, als die er von den Moralisten denunziert worden war, und zur größten Mystifikation aller Zeiten wurde: zur Täuschungsmaschinerie, zum Bluff der Abschreckungsstrategie. Schon im Ersten Weltkrieg illustrierte, wie wir sahen, die Industrialisierung des Repetierbildes die kinematische Dimension einer ganze Gebiete ergreifenden Zerstörung, verlangten die ständigen tiefgreifenden Veränderungen einer Landschaft deren Rekonstruktion anhand von Aufnahmen, von Bildfolgen, eine kinematographische Verfolgung der Rea-

---

2 Die Wiedereroberung der Pazifikinseln hatte für die Amerikaner einen so abstrakten Charakter, daß sie eine filmographische Inszenierung erforderte – daher die Wichtigkeit der Filmteams, die dabei eingesetzt wurden.

lität, der De- und Rekomposition eines unstabilen Geländes – die Ersetzung der Generalstabskarte durch den Film.

Die Macht selbst wurde in ihrem Wesen ergriffen von der filmischen Entwirklichung. Sie richtete sich ein in einem technologischen Jenseits, dessen Zeit-Raum nicht mehr der der gewöhnlichen Sterblichen war, sondern nur mehr der der Kriegsmaschinerie, einer Wahrnehmung von Abfolgen, ähnlich den optischen Phänomenen, die aus der Trägheit der Netzhaut herrühren, dem A und O der Realitätswahrnehmung – ist doch das Sehen von Bewegung nur ein statistischer Prozeß, gebunden an die Aufteilungsweise und das Aufnahmetempo der Arten.

Mit der Makro-Kinematographie der Luftaufklärung, dem Kabelfernsehen des Rundsuch-Radars, der Zeitlupe und dem Zeitraffer der Photointerpretation der Operationsphasen wurde der Feldzugsplan zum Zeichentrickfilm, zu einem Organogramm, und der Teppich von Bayeux erscheint als das präkinematographische Modell für den Ablauf eines Krieges – die normannische Landungslogik präfiguriert darauf die des »längsten Tages«, des 6. Juni 1944.

Man sollte außerdem daran denken, daß sich die Erfindung der induktiven Statistik aus den Berechnungen ergab, die der Marschall Vauban während seiner sich wiederholenden Rundreisen anstellte, bei denen er bestimmte Orte immer in bestimmten Zeitabschnitten passierte. Bei diesen Reisen wurde der Generalbeauftragte für die Befestigungen zu einer Art »commissaire aux montres«.[3] Das Königreich defilierte vor seinen Augen, die Details passierten Revue, das gesamte Territorium setzte sich der Inspektion aus.

Dabei ging es nicht mehr nur um den Vorbeimarsch der

3 Vor 1789 der für die Inspektion von Waffen und Gerät verantwortliche Offizier.

Truppen an dem Inspekteur, dem für die gute Verfassung der Armee logistisch Verantwortlichen, sondern um die Generalinspektion des Landes, die Musterung des Gebietskörpers. Nicht mehr das Armeekorps paradierte in geschlossener Formation unter den prüfenden Blicken des königlichen Verwalters, sondern die Provinzen traten an zur Parade. Doch war diese zyklische Wiederholung bestimmter Reisen, die den Ablauf des Gebietsfilms bestimmte, nur ein Kunstgriff, ein kinematischer Trick, der ausschließlich dem reisenden Beobachter zugute kam. Nur er nahm den Zusammenhang der Situationen wahr, die Abfolge, und verlor darüber nach und nach die lokalen Besonderheiten aus den Augen. Schließlich verlangte er die Reform des Gewohnheitsrechts zugunsten der Verwaltungsnorm. Mit der Statistik stehen wir am Beginn der Politischen Ökonomie, die von der Dauerhaftigkeit des Zeichens ausgeht, von den dominierenden Tendenzen und nicht mehr von der bloßen chronologischen Aufeinanderfolge der Einzeltatsachen. Im Grunde ist dies dieselbe Ideenbewegung, die vom Zeitalter der Aufklärung zur photographischen Aufzeichnung führte, zu Muybridges Reihenbildern, Mareys Chronophotographie und schließlich dem Kinematographen der Brüder Lumière – und auch zu Méliès, dem Praktiker der Montagemystifikation.

»Früher entschieden sich Kriege«, schrieb Winston Churchill 1948, »weniger durch ihre Gesamttendenz als in ihren einzelnen Etappen, im modernen Krieg sind die Tendenzen entschieden wichtiger als die Episoden.« Allerdings entgehen Massenphänomene der unmittelbaren Erfassung und sind wahrnehmbar nur durch die Tricks der Computer, die Erfindung der Abhör- und Aufzeichnungsgeräte, die es damals noch nicht gab – wodurch Churchills Bemerkung relativiert wird. Man darf also schließen, daß der totale Krieg wesentlich zum Aufschwung des Projektionsinstrumentariums beigetragen hat, das es erlaubt, die allgemeinen Tendenzen des Augenblicks zu erkennen, sie überhaupt erst ermöglicht.

Das führte dann zur Erfindung der »Geheimwaffen«, der fliegenden Bomben und Raketen, den Vorläufern der Cruise Missiles und der interkontinentalen Marschflugkörper, vor allem zu den – schon mit verschiedenartigsten Strahlen arbeitenden – Waffensystemen, die, selbst unsichtbar, sichtbar machen: nicht nur das, was hinter dem Horizont ist und was die Nacht verbirgt, sondern vor allem das, was es nicht oder noch nicht gibt, die strategische Fiktion der Notwendigkeit einer Rüstung unter Verwendung von atomarer Strahlung, eine Fiktion, die gegen Kriegsende in der der »absoluten Waffe« gipfelte.

Wie wir zu Beginn dieses Berichts gehört haben, sind die Bombenabwürfe vom 6. und 9. August 1945 viel kommentiert worden. Dabei hat man aber zumeist den Umstand außer acht gelassen, daß es sich hier um eine Lichtwaffe handelte, die erste dieser Art; ihr sollten die Waffe mit verstärkter Strahlung, die Neutronenbombe, die Waffen mit gebündeltem Licht, dem Laser, folgen, vielleicht auch die Partikelstrahlenwaffen, die noch in der Entwicklung sind. Übrigens glaubten nicht wenige der Überlebenden von Hiroshima, daß sie den Abwurf einer Magnesiumbombe von unbekannter Stärke erlebt hätten.

Die erste Bombe hatte, als sie in einer Höhe von fünfhundert Metern explodierte, einen Blitz verursacht, einen atomaren *flash* von einer Fünfzehnmillionstel-Sekunde, dessen Schein bis in die Häuser und Keller drang und seinen Abdruck auf Steinen hinterließ, deren Farbe sich durch die Fusion verschiedener mineralischer Elemente veränderte, während die bedeckten Flächen seltsamerweise unverändert blieben. Mit Kleidern und Körpern verhielt es sich ähnlich; die Muster der Kimonos tätowierten die

Haut der Opfer. War die Photographie, ihrem Erfinder Nicéphore Nièpce zufolge, nur eine Methode der Lichtgravur, eine Photogravur, bei der die Körper unter Einwirkung ihrer eigenen Luminosität ihre Spuren eingravieren, so war die Atomwaffe Nachkomme zugleich der Dunkelkammern von Nièpce und Daguerre und der Kriegsscheinwerfer. Aus der Tiefe der Dunkelkammern tauchte nicht eine leuchtende Silhouette auf, sondern ein Schatten; ein Schlagschatten fiel bis in die Tiefe der Keller von Hiroshima. Japanische Schattenspiele wurden nicht mehr auf die Stellwände der Schattentheater geworfen; die Mauern der Stadt wurden jetzt zu Bildschirmen.

A-Bombe 1945. H-Bombe 1951. Koreakrieg. Nach dem Krieg vollzog sich die Entwicklung mit zunehmender Geschwindigkeit. Die Feuerstärke lag nun nicht mehr nur bei den Feuerwaffen, sondern auch bei den Düsen der Kampfflugzeuge. 1952 wurde die Schallmauer durchbrochen, 1956 die Wärmemauer, die Lichtmauer steht noch. In der Luft waren die Bomber des Strategic Air Command in ständiger Bereitschaft, und die Abfangjäger des Air Defense Command dehnten ihren Schutzschirm gegen einen eventuellen sowjetischen Langstreckenangriff immer weiter aus. Die Gefahr wurde um so größer, als die Sowjetunion am 12. Mai 1953 ihre erste Wasserstoffbombe zündete.

Die Vereinigten Staaten brauchten unbedingt neue Mittel zum Sammeln von Informationen. Eastman Kodak entwickelte den Mylar-Film und Dr. Edwin Land von der Hycon Corporation die Kamera mit hoher Auflösung; in der Kombination ermöglichten beide die ständige Luftaufklärung über der Sowjetunion. Am 1. Mai 1960 wurde die Lockheed U 2 von Gary Powers über der Sowjetunion abgeschossen. Im Oktober 1961 begann die Kuba-Krise,

Vorspiel zu einem Dritten Weltkrieg. Am 19. August 1962 brachte eine U 2 von ihrem Flug über Fidel Castros Insel den kinematographischen Beweis für die Aufstellung sowjetischer Raketen mit; dem folgte die Auseinandersetzung zwischen Chruschtschow und Kennedy, die ein paar Monate später zur Installierung des roten Telephons führte, der Direktschaltung der Staatschefs, dem unmittelbaren *interface* ihrer beiden Operationszentralen.

Außer über elektronische Aufnahme- und Überwachungssysteme verfügt die U 2, die über dem Iran und dem Persischen Golf immer noch im Einsatz ist, über einen Teleskop-Kollimator, den *Kinemoderivometer*, der dem Piloten-Spion eine lückenlose Abbildung des überflogenen Geländes aus mehr als fünfundzwanzigtausend Metern Höhe erlaubt. Ebenfalls 1962 – zehntausend amerikanische Militärberater waren schon in Südvietnam stationiert – wurde in Harvard und beim MIT der erste elektronische Krieg der Geschichte entwickelt, zunächst mit der Aufstellung von Kaptographen und Sensoren, die entlang dem Ho-Chi-Minh-Pfad per Fallschirm abgesetzt wurden, dann, ab 1966, mit der Anlage einer elektronischen Verteidigungslinie, der McNamara-Linie, eines Feldes von akustischen (Acouboy, Spike-boy) und seismischen (Adsid, Acousid) Detektoren entlang den Zufahrtswegen nach Laos, um die amerikanischen Basen und vor allem um das Fort Ke Sanh.

Das strategische Konzept des Harvardprofessors Roger Fisher war eine Boden-Luft-Sperre unter Verwendung aller zur Verfügung stehenden neuesten Technologien. Diese gestatteten es, alle Feindbewegungen genauestens zu überwachen: eine Aufnahmetechnologie unter Verwendung von Infrarot und Fernsehen ohne Bildverstärker, verbunden mit den perfektesten Luftzerstörungsmitteln, dem Kampfflugzeug F-105 Thunderchief, der Phantom, dem

Hubschrauber Huey-Cobra, der Gunship, einer in eine fliegende Batterie umgewandelten Transportmaschine, der Douglas AC 47 und vor allem der Hercules C 130, die mit neuem elektronischem Gerät ausgestattet waren; der Zielbestimmung durch Laser, die die Bomben mit äußerster Genauigkeit lenkte, einem Nachtbeleuchtungs- und Bildvergrößerungssystem, Schießbefehlcomputern gekoppelt mit mehrläufigen Minigum-MGs, den Nachkommen der alten Gatling, mit einer Schießkadenz von sechstausend Stößen pro Minute.

Nötig wurde das Frühwarnsystem dadurch, daß die Truppenbewegungen des Feindes hauptsächlich nachts stattfanden. Bei dieser Art von Kämpfen wurde die Verdunkelung noch übertroffen, die Dunkelheit wurde zum wichtigsten Verbündeten der Kämpfenden, aus dem taghellen Operationstheater war für die Kämpfer im Schatten ein dunkles Kino geworden. Das erklärt die unverhältnismäßig großen Anstrengungen der Amerikaner, durch intensive Beleuchtungseinrichtungen, pyrotechnische, elektrische, elektronische, das Nichtsehenkönnen zu überwinden, meist Einrichtungen mit Lichtverstärkern, vom Infrarot-Scanner bis zum Infrarot-Film und bis zur Thermographie, bei der das thermische Bild das optische, das Photogramm ersetzte: Waffensysteme, die auf eine neue Szenographie des Krieges hinausliefen, auf die massive Verwendung synthetischer Bilder, automatisch gespeicherter Daten, aber auch auf die chemische Entlaubung, mit der man tabula rasa machte, den Bildschirm von der parasitären Vegetation befreite.

Im Oktober 1967 empfing, interpretierte und zeigte das elektronische Überwachungszentrum von Nakhon Phanom in Thailand Daten, die von Bodenstationen über die Bat-Cat-Lockheed-Flugzeuge übermittelt wurden. In diesem neuen Kriegsknotenpunkt klassifizierte ein

179

360.35.-Computer von IBM automatisch die übermittelten Daten und lieferte den Analytikern im Zentrum Aufnahmen, die Ort und Zeitpunkt der Auslösung der Auffangapparate angaben. Aufgrund dieser Informationen entwickelten die Analytiker ein Schema des feindlichen Verkehrs und lieferten den Jagdbombern der Operation Skyspot die Daten, die äußerste Schnelligkeit und größte Genauigkeit in der Ausführung ihres Auftrags gewährleisteten. Das interessanteste in unserem Zusammenhang ist aber immer noch die Drohne, der RPV Teledyne Ryan, ein ferngesteuertes Flugzeug von nur ungefähr drei Metern Spannweite, mit einer Kamera für zweitausend Aufnahmen und einem Fernsehsystem, das direkt zu einer Bodenstation in zweihundertvierzig Kilometern Entfernung sendete.

»Es regnet, meine Seele, es regnet, aber es regnet tote Augen«, hatte Apollinaire 1915 über die feindlichen Geschosse geschrieben. Seit dem elektronischen Krieg stimmt das Bild nicht mehr; die Projektile erwachen, allenthalben öffnen sie die Augen: Selbstsuchgeräte, Infrarot- oder Laser-Steuerungen, mit Videokameras ausgestattete Sprengköpfe, die das, was sie sehen, den Piloten und den Überwachern am Boden vor ihren Geräten übermitteln. Die Fusion ist vollzogen, die Konfusion vollkommen, nichts unterscheidet mehr die Funktion der Waffe von der des Auges; das Bild des Projektils und das Projektil des Bildes werden eins: Aufspüren und Treffen, Verfolgen und Zerstören; das Projektil ist ein Bild, eine Signatur auf einem Schirm, und das ferngesehene Bild ein mit Lichtgeschwindigkeit sich bewegendes Überschallprojektil.

Auf die Projektion der Wurf- und Schußwaffen, die Ballistik der Vergangenheit, ist die des Lichts gefolgt, die des elektronischen Auges der ferngesteuerten Flugkörper und der Videorakete, die lebensgroße Filmprojektion, die

Promio, den Erfinder der Fahrtaufnahme, entzückt hätte, vor allem aber Abel Gance, der bei der Schlacht von Brienne seine Kameras wie Schneebälle durch die Luft schleudern wollte.

Tatsächlich hat man, seit dem Lauf der Feuerwaffen Kimme und Korn aufgesetzt wurden, den Gebrauch des Projektils und des Lichts gekoppelt – des Lichts, das die Seele der Kanonen ist. Es ist noch nicht lange her, daß der Photonenbeschleuniger, der Lichtverstärker (Stratron, System FLIR) erfunden wurden, dann die Laserwaffe, die Bewaffnung mit gebündeltem Licht, die Partikelstrahlenwaffe. Die Visierlinie wurde, weil damit bessere Ergebnisse zu erzielen waren, ins Innere des Feuerrohrs verlegt. In den Laboratorien für ballistische und aerodynamische Forschung in den USA wie in Frankreich gibt es hyperballistische Schießtunnel von rund hundert Metern Länge, in denen man Versuchsprojektile mit einer Geschwindigkeit von fünftausend Metern pro Sekunde schleudern kann. Um ihren Weg in der Seele des Laufs zu veranschaulichen, wird eine Cineradiographie-Eclair-Ausrüstung benutzt, die vierzig Millionen Bilder pro Sekunde liefert.[4] Damit sind wir zum Ursprung des Kinos zurückgekehrt, zu Mareys erster chronophotographischer Flinte von 1882, mit einem Objektiv im Lauf und einem Trommelschloß, in dem eine photographische Platte rotierte.

Seit Vietnam und die ganzen siebziger Jahre hindurch wurde die Mediatisierung des Kampfs weitergetrieben. Brauchten die Sabre der U.S. Air Force während des Koreakrieges noch mehr als vierzig Kilometer, um die Mig 15 zu umkreisen, so benutzten die Phantom im Vietnamkrieg und im Sechs-Tage-Krieg zum Abschuß einer Mig 21

4 Vgl. das Protokoll des Colloquiums *Le Cinéma de grande vitesse – instrumentations et applications*, ANRT, Paris, Dezember 1981

ein Schußsystem mit Instrumenten, ein Zielermittlungssystem, das später zum Konzept des »Fire and Forget« führte und zu den Transhorizont-Waffensystemen, bei denen sich der Angriff im Off vollzieht. Dabei desintegrierte die Persönlichkeit des Kämpfers immer mehr: hob er den Kopf, so sah er den Kollimator der Windschutzscheibe mit (optisch-elektronischem oder holographischem) Digitalanzeiger, senkte er ihn, sah er den Radarschirm, den Bordcomputer, das Radio und den Videomonitor, der es dem Piloten erlaubte, vier oder fünf Ziele zugleich und schließlich die eigenen Geschosse zu verfolgen, die mit Kameras oder Infrarotsteuerung ausgestatteten Sidewinder-Raketen.

Dieser Krieg der Wellen brachte im übrigen erhebliche neue Schwierigkeiten mit sich, wie Oberst Broughton, Pilot einer F-105 über Vietnam, erklärte: »Der Krach aus dem Radio war so groß, daß man nicht mehr denken konnte. Die weit voneinander entfernten Luftpatrouillen bildeten nur noch eine Folge von getrennt operierenden Einheiten, und jeder Pilot hatte wichtige Durchsagen zu machen, so wichtig, daß die Kommunikation dadurch gestört wurde. Jeder brüllte Verhaltensmaßnahmen und Befehle, um vor Migs und Sams zu warnen. Es war praktisch unmöglich zu verstehen, was vorging. Da liegt immer das Problem, denn wenn der Prozeß erst einmal in Gang gesetzt ist, erweitert er sich ständig, und es wird unmöglich, ihn zu stoppen. Jeder Pilot gerät sofort in Verwirrung und Angst und fragt sich, wer zu wem spricht.« Die zeitweilige Verwirrung wurde noch durch die ungünstigen Wetterbedingungen über Nordvietnam verstärkt. »Dieser Bereich der Erde kann mit den schlimmsten meteorologischen Bedingungen aufwarten«, schreibt Broughton weiter, »und wenn man in eins dieser heftigen Gewitter mit ihren fürchterlichen Fallböen gerät, dann wird man schwer durchgeschüttelt. Das endet meistens mit einem Orientierungsverlust, einem Schwindel. In solchen Fällen kann man in der Horizontale fliegen und gleichzeitig den Eindruck haben, die Maschine hätte eine Neigung von 60°, oder umgekehrt. Es ist eine besonders verwirrende Situation, mit der man manchmal nur schwer fertig wird. Man kann noch so sehr versuchen, sich den Kopf zurechtzurücken, der Eindruck dauert an, und seine Folgen können verhängnisvoll sein. Wer starke Emotionen liebt, dem sei diese Art des Fliegens in einer finsteren Nacht empfohlen.«[5]

Der von Ernst Jünger empfundene Zustand der Schwerelosigkeit beim Artilleriefeuer im Ersten Weltkrieg wiederholte sich hier, aber die Verwirrung der Gefühle war nicht mehr die panischen Schreckens, sondern ein durch die Technik bewirkter Schwindel, eine rein kinematische Entwirklichung, die den Sinn für Raum und Dimensionen ergriff. Der Maschine unterworfen, eingesperrt in die geschlossenen Kreise der Elektronik, wurde der Kampfpilot zum Rollstuhl-Invaliden, zum zeitweiligen Opfer einer Art Obsession, die dem des prähistorischen Kriegers und seinen Halluzinogenen ähnelte. Hier sei daran erinnert, daß die ersten Aufputschmittel für die Piloten der Luftwaffe erfunden wurden. Die Drogen, die Geißel des amerikanischen Expeditionskorps in Vietnam, waren zunächst die des technischen Deliriums in einem Kampf, in dem es keinen Unterschied mehr gab zwischen Realem und Dargestelltem, einem Bilderkrieg, in dem es vorkam, wie Broughton weiter schreibt, »daß wir Männer und Maschinen verloren, nur weil der mit der Analyse des Films von unseren Bombardements beauftragte Leutnant die bewirkten Zerstörungen nicht richtig erkannte und einen

5 Jack Broughton, *Thud Ridge*, 1969

zweiten Angriff anordnete«. Starb man früher für ein Wappen, ein Bild auf einem Feldzeichen, eine Fahne, so jetzt für einen Film, dafür, daß er deutlichere Bilder zeigte. So ist der Krieg zur dritten Dimension des Kinos geworden.

Ein kurioses Detail: ein großer Teil des neuen Kriegsmaterials, Hubschrauber, Raketen, Aufspür- und Kommunikationssystem, wurden von der Hughes Aircraft Company hergestellt, der Firma von Howard Hughes, dem Regisseur von *Hell's Angels* aus dem Jahre 1930, der Geschichte einer Bomberstaffel des Ersten Weltkriegs. Der schizophrene Magnat, der 1976 starb, hat bekanntlich ein Industrieimperium geschaffen, in dem Film und Flugwesen auf bezeichnende Weise miteinander verbunden wurden. Noch heute ist die Hughes Aircraft eine der bedeutendsten Firmen der USA. Im April 1983 arbeitete sie u. a. an einer sicheren Zielvorrichtung – *optically tracked* – für Panzerabwehrraketen, die geeignet sein sollte, den Schwankungen und Vibrationen der damit ausgerüsteten Hubschrauber entgegenzuwirken, zugleich aber auch an einem System, durch das die zivilen Fluggesellschaften ihre Kunden per Infrarotstrahlen mit unterhaltenden Musik- und Filmprogrammen versorgen könnten.

Nach der Niederlage im Vietnamkrieg hörten die Wissenschaftler und Industriellen des Pentagon keineswegs auf, an der Perfektionierung des elektronischen Krieges zu arbeiten. Die McNamara-Linie wurde in den Süden der Vereinigten Staaten verlegt, an die mexikanische Grenze, angeblich, um das Eindringen von Schwarzarbeitern zu erfassen. Die Entwicklung von Detektoren, die gegen Individuen einsetzbar waren, gipfelte 1971 in einem Projekt zur juristischen Verfolgung, *Transponder* genannt. Der von der National Security Agency entwickelte Apparat registrierte die Bewegung einer Person, Entfernung, Geschwindigkeit und Weg, und übermittelte diese Daten über ein Empfangsrelais mehrmals pro Minute an einen zentralen Bildschirmcomputer, der sie mit den Wegen verglich, die dem Träger dieses Spurenmarkierers erlaubt waren – wich er davon ab oder versuchte er, sich des Apparats zu entledigen, wurde automatisch die Polizei alarmiert. Dieses System einer elektronischen Verhaftung, das für auf Bewährung entlassene Strafgefangene gedacht war, hätte eine grundlegende Gefängnisreform erlaubt: der Kerker wäre durch die Blackbox ersetzt worden, der Ausschluß vom Alltagsleben durch dessen Inszenierung.

Mit dem Aufschwung der militärischen Simulatoren, bei dem auch die Energiekrise eine Rolle spielte, erreichte diese Entwicklung 1974 phantastische Ausmaße. Der alte »home trainer« machte neuen Flug- und vor allem auch Kampfsimulatoren Platz. Die synthetische Erzeugung von Tageslichtbildern erlaubte endlich, die traditionellen Phasen des Pilotentrainings, Navigation, Eindringen und Angriff, zu verschmelzen. Jetzt erlernten die Piloten das Fliegen nicht mehr nur an Instrumenten; sie lernten an ungemein realistischen Bildern, einer regelrechten Kriegsinszenierung. Bald konnten deshalb auch die Übungsstunde am Simulator und die reale Flugstunde als gleichwertig anerkannt werden – eine kaum bemerkte Entscheidung, deren Bedeutung man ermißt, wenn man daran denkt, wie hoch die Anforderungen sind, die an den Erwerb eines Pilotenscheins geknüpft werden.

Inzwischen sind die Simulationskabinen weiter verbessert worden, und es gibt Simulatoren für den Kurvenkampf (*dogflight*), bei denen zwei sphärische Kabinen so kombiniert sind, daß der Kampf zwischen zwei feindlichen Maschinen simuliert werden kann. Seit langem gibt es Simulation bei allen drei Waffengattungen. Die Sperry Corporation, neben Thompson einer der wichtigsten Hersteller dieses Geräts, produziert zugleich für Panzerwaffe, Kriegsmarine und Luftwaffe. Im Zeichen der nuklearen Abschreckungsstrategie in Ost und West und des daraus resultierenden Verzichts auf den direkten Angriff haben auch die militärischen Manöver immer mehr das Aussehen von elektronischen Spielen angenommen, von Kriegsspielen, die riesige Gebiete übergreifen, auf denen alle erdenklichen Prozeduren mittels der verschiedensten Apparaturen des modernen Kampfs durchgespielt werden.

Das eigens für diesen Zweck in der Wüste von Nevada eingerichtete Übungs-Polygon *Red Flag* repräsentiert das Modell einer feindlichen, sowjetischen Umgebung. Das mit echten Boden-Luft-Raketen, Luftabwehr samt entsprechenden Radarsystemen – Kriegsbeute der Israelis oder Lieferungen aus Ägypten – und Funk ausgestattete Gerät bildet ein total realistisches elektronisches Environment, an dem die amerikanischen Besatzungen das Erkennen und Neutralisieren üben. Die Luftstreitkräfte bestehen bei diesen Übungen aus einer AWACS-Maschine – einem fliegenden Kontrollturm – und einer »Aggressor Squadron«, die aus Maschinen besteht, die den sowjetischen Mig 21 und 23 ähneln.

Ebenso wird im National Training Center der Landstreitkräfte, in der kalifornischen Mojave-Wüste, der Krieg in Lebensgröße simuliert. Mit Hilfe des MILES (*Multiple Integrated Laser Engagement System*) bekämpfen beide Seiten einander mit Laser- und Infrarotstrahlen, deren Reichweite und Weg denen der wirklichen Waffen entsprechen. Die mit Siliciumchips ausgestatteten Ziele sind mit Blackboxen verbunden; auch Soldaten und Maschinen sind an den empfindlichsten Stellen damit versehen; der Mikroprozessor der Blackbox berechnet den Aufschlag und meldet das Ergebnis dem Hauptquartier, das die Note berechnet. Alle erdenklichen Tricks und kinematographischen Spezialeffekte vervollständigen das Bild.

In diesen Zusammenhang gehört auch das Tactical Mapping System, ein von der Agentur für fortgeschrittene Studienprojekte des US-Verteidigungsministeriums geschaffener Videodisc, der es erlaubt, die Stadt Aspen permanent zu beobachten, wobei der Ablauf der 54 000 Bilder beschleunigt und verlangsamt, Richtung oder Jahreszeit gewechselt werden können, wie man beim Fernseher von einem Kanal auf den anderen umschaltet. Das kleine Gemeinwesen in Colorado verwandelt sich dadurch in eine Art ballistischen Tunnel, an dem sich die Panzergrenadiere im Straßenkampf üben können.

Erwähnung verdient hier auch, daß die von John Dykstra für den Film *Star Wars* entwickelte Dykstraflex-Kamera, die an einen ihre Bewegungen registrierenden Computer angeschlossen ist, auf einem System aufbaut, das zunächst für das Pilotentraining der Air Force bestimmt war. Auch die von zwei Franzosen erfundene Space-Kamera, die beim Film als automatisches Verfolgungssystem dient, mit dessen Hilfe man den spontanen Bewegungen der Schauspieler folgen kann, gehört zu diesem technologischen Abfall; ihre Grundlage ist die Plattform eines bei der Luftabwehr benutzten Radargeräts. Mittels eines sehr starken Teleobjektivs kann man beispielsweise das Gesicht eines Jetpiloten, der in niedriger Höhe fliegt, ununterbrochen im Blickfeld halten.

Nachdem die Energiekrise die Simulationsindustrie rentabel gemacht hatte, kam es gegen Ende der siebziger Jahre zu einem gesteigerten technischen Rausch, der schließlich in die vollständige Automatisierung der Kriegsmaschinerie mündete. Die Komplexität der Manöver, die immer größere Geschwindigkeit, der Einsatz von Satelliten und die Notwendigkeit, bei Bodenangriffen in sehr geringer Höhe mit Überschallgeschwindigkeit zu fliegen, veranlaßten die Konstrukteure, die Lenkung der Flugzeuge zu automatisieren. Der Pilot einer F 16, die mit der von Robert Swortzel entwickelten AFT 1 ausgerüstet ist, berührt, wenn die Automatik eingeschaltet ist, keines der Geräte mehr; er lenkt die Maschine mit seiner Stimme. Umgekehrt teilt die Maschine ihm per Bildschirm seinen Flug- und Schießplan mit und informiert ihn auf einer Rückpro-Scheibe über die vorgesehene Beschleunigung und den Countdown bis zur Feuereröffnung, wie auch über die Art der Manöver, die das Flugzeug ausführen wird. Zum Feuern steht dem Piloten ein mit einer Laser- und Infrarot-Zielvorrichtung ausgestatteter Kopfhörer zur Verfügung; er braucht nur noch sein Ziel zu bestimmen und durch mündlichen Befehl die Waffe auszulösen. Dieses 1982 für U.S. Air Force, Navy und Nasa entwickelte revolutionäre System kombiniert, vor allem im Hinblick auf die Laser-Visierung, verschiedene Typen von neuesten Technologien: das *Eye-Tracked* ist ein Synchronsystem, das den Blick des Piloten fixiert, wie auch immer die Bewegung seiner Augen ist, so daß er, sobald sie sich eingestellt haben, feuern kann.

Von derselben Art ist auch das *Homing System*, bei dem ein Infrarotstrahl und eine Explosivladung mit einer Spezialvorrichtung gekoppelt sind, die wie ein Auge reagiert, das das Bild des infrarot-beleuchteten Ziels aufnimmt und die Ladung auf dieses Bild, also das zu zerstörende Ziel richtet. Dieses System, mit dem die neuesten Raketen ausgerüstet sind, belegt einmal mehr das tödliche Ineinandergreifen von Auge und Waffe. Von hier aus wird auch der mehrfach geäußerte Wunsch nach Waffen, die ähnlich unaufspürbar sind wie ein U-Boot auf Tauchstation, verständlich. Die Stealth-Bomber und -Raketen sind nicht nur dem menschlichen Auge entzogen, sondern vor allem auch den durchdringenden und tödlichen Blicken der Technik.

Mit den achtziger Jahren vollzieht sich in der Geostrategie eine Wende, ein bezeichnender Umschwung: aus der Ost-West-Konfrontation wird eine zwischen Norden und Süden. Persischer Golf, Horn von Afrika, Indischer Ozean: trotz der Spannungen im Vorderen und Mittleren Orient und des Streits um die Euro-Raketen verlagert sich der militärische Raum und organisiert sich um die Ozeane, um die Inseln des Pazifik und des Südatlantik. Der Falkland-Konflikt war die Generalprobe für einen Atomkrieg; sowohl amerikanische und sowjetische Satelliten als auch britische Atom-Unterseeboote und die französischen Raketen zur Versenkung leicht sichtbarer Überwasserschiffe kamen zum Einsatz, wie auch die elektronischen Gegenmaßnahmen: Trugbilder mit zentroidem Effekt, der zunächst darauf beruht, daß ein in jedem Detail erfundenes Bild über das optische oder infrarote Radarbild, das die Rakete sieht, gelegt wird, ein nachdrückliches und attraktiveres, für die feindliche Rakete ebenso glaubwürdiges Bild wie das des wirklichen Ziels; ist diese Phase erfolgreich, so rastet die automatische Steuerung der Rakete auf dem Baryzentrum des Ensembles *Trugbild – Bild des Schiffes* ein, und man braucht die Rakete nur noch unter Einsatz des Trugbildes über das Schiff wegzuziehen und davon zu entfernen – was alles in Bruchteilen von Sekunden sich abspielt.

Die Aufzählung der Waffen könnte so endlos fortgesetzt werden, das ganze Arsenal des Lichtkriegs, die Ästhetik des elektronischen Schlachtfelds, des synthetischen Bildes der automatischen Kartographie über Satelliten, die unablässig über die Oberfläche der Kontinente gleiten; Filme in Lebensgröße, in denen der »Tag« der Aufnahmegeschwindigkeit an die Stelle des Tags der astronomischen Zeit getreten ist, ein subliminaler Tag von unvergleichbarer Transparenz, in dem die Technik schließlich die ganze Welt exponiert.

Sommer 1982: die Operation »Frieden in Galiläa«, der Präventivschlag im Libanon; Israel setzt alles ein, was das wissenschaftliche Arsenal bietet: *Grumman Hawkeye*, ein Radarflugzeug, das für die Jagdbomber vom Typ F 15 und 16 zweihundertfünfzig Ziele auf einmal ermitteln kann; vor allem zum ersten Mal in der Geschichte der Schlachten die systematische und massive Verwendung von ferngesteuerten Automaten, dem weniger als zwei Meter großen *Scout*, einem Miniaturspielzeug, den Glasbienen, der Erfindung Ernst Jüngers, ebenbürtig. Mit Fernsehkameras und thermischen Bildersystem ausgestattete Tsahal-Augen überfliegen das belagerte Beirut, knapp über den Dächern der Gebäude, den offen daliegenden Palästinenservierteln, und auf dem mehr als hundert Kilometer entfernten Bildschirmen sehen die israelischen Analytiker das Bild der Bewegungen der Bevölkerung, die thermische Graphik der Palästinenser-Fahrzeuge.

Im Oktober 1982 richten die Vereinigten Staaten ein militärisches Raum-Oberkommando ein und kündigen den bevorstehenden Start eines Frühwarnsatelliten an. Im Frühjahr 1983, am 23. März, spricht Präsident Reagan von der Aufstellung eines ballistischen Raketenabwehrsystems, das Fusionsenergie verwendet, eine Waffe mit verstärkter Strahlung, eine Strahlenbündelwaffe, Partikelstrahlenkanone.

Am 5. Juli 1983 schießt eine mit einem Lasergerät ausgerüstete KC 135 im Flug eine Sidewinder-Rakete ab, die sich mit mehr als dreitausend Stundenkilometer bewegt.

1984: Scan Freeze, Anhalten des Bildes.

Paul Virilio
31. August 1983

47 Von dem Raumfahrzeug Lunar Orbiter am 8. August 1967 in *framelets* telephotographisch übermittelte Photographie der Erde.

Bildnachweis

1: *La Recherche*, Paris 1983

2, 3, 7: Imperial War Museum, London

4, 9: David Shermer, *La Grande Guerre*, Octopus Book, 1973

5, 6, 11, 16, 26, 27, 28, 29, 30, 31, 32, 33, 34, 35, 36, 37, 38, 39, 40, 41: Oberst M. Stanley, *Photo Intelligence*, Sidgwick and Jackson 1982

8: Edward Steichen, *American Aerial Photography at the Front*, U.S. Air Service 1919

12: *Cine MBXA, Ciné Doc* 1983

13, 45: *Culture Technique*, Nr. 10, 1983

14: *Nueva Forma*, Madrid 1973

15: *Histoire de l'Aviation*, R. Chambe, Flammarion 1972

17: *L'Histoire en image*, Cercle Européen du Livre

18: *Signal*, 1941

19, 20, 22: Mallory und Ottar, *Architecture of Aggression*, Architectural Press 1973

21: *Bomber Offensive*, N. Frankland, Purnell's 1969

23, 24, 25: Chaz Bowyer, *Path Finders at War*, Ian Allan 1977

42: *Daidalos*, Nr. 3

43, 44: *After the Battle*, Nr. 41, 1983

47: *Cosmos Encyclopédie*, Nr. 2, 1970